U0036038

風水解

【元空居士 著】

風水長眼法

推薦序

在大學主修的是電機學系，也在科技產業工作十多年，可說是個接受西方科學教育的人。對於傳統文化也相當有興趣，也常喜歡討論一些科學無法解釋的各種現象。人是有趨吉避凶的本能，對於危險的事自然會遠離。踏出社會選擇好工作、好配偶、好房子是自然的需求。我也深信事在人為，想要有什麼成就，就應該要怎麼耕耘。

對於風水這件事，我引用愛因斯坦的話：「對於上帝，我無法證明祂存在，也無法證明祂不存在，但如果你問我相不相信上帝，我相信。」所以，我對於風水也一樣，一直持著保留態度，但愛談論風水。大家喜歡光線充足溫度宜人的住宅，很多大企業在選擇總部時也花費心思，甚至找了地理師來一起研究，到底什麼力量，讓大企業家注重風水，不惜重金尋找好的地理環境。難道人不用憑自己努力，可戰勝周遭險惡環境嗎？

我認識元空居士多年，有緣得元空居士介紹了風水理論與實務，點出了居住環境平常注意不到的細節，也解開了許多風水上的疑問。後來領悟到風水，是順應大自然的高度智慧。古早沒有現代的科學知識，用實驗的方式理出了一些的脈絡，但最終總會符合科學的模式，對我學科學的人而言，就可以用科學的思維來理解風水，認為風水不是玄學，更不是迷信，而是屬可重複驗證的一門科學。

現代人都知道，地球是繞太陽公轉，本身則自轉，才有四季變化及日月的陰晴圓缺，人類幾千年前就因而推演出曆法，至今仍然引用。也知道了九大行星及太陽系的關係，北斗七星及北極星都是用來定位重要的發現，這些星體在運行中，與地球間不同的距離而有不同引力變化，影響我們地球上的一切事物，距離越近影響越快，距離越遠影響就慢，日月對我們影響最大，白天黑夜、潮汐、日蝕、月食等都是我們容易感覺出來的。地球自轉百多年前被科學家發現了「科氏力」，大者北半球的颱風均逆時針方向轉，小者裝滿水的水槽把塞子拿掉，水的漩渦也是逆時針方向轉的，這就是「科氏力」的作用，我們日夜都處在這樣的影響之下，但人總感覺不出來。

順應自然生活就會過得順暢愉快，違背自然總會覺得怪怪不舒服的。古代人發現了好風水是會藏風聚氣，不讓風吹而氣散，如此才能平安吉祥，所以利用地理形勢，選擇一處藏風聚氣的地方居住，為的就是趨吉避凶，這是屬地球科學的一環。世人需要選擇一個好陽宅安居樂業，同樣的，找一個讓祖先安息的墓地，這也是很自然的事，更是孝道的一種表現。以現代語言來說，兩宅把環境因素考慮進去，好的環境會有好的心情，好心情會有好緣分及好行為，進而會有好的成就，這就是潛移默化所使然，成功者重視細節，尤其每天所處的環境，所以風水應是選擇宅居而順應自然的生活高度藝術。

醫術是用來救人的，有中醫有西醫，只要能讓人遠離病苦，副作用降到最低，就是好醫術；風水也是，只要能幫助家庭和樂、事業順利、心想事成，就是好風水。「傳統風水」從中國大陸傳入，使得台灣成為華人保存風水最重的地方。因而民間流傳不斷，也有各門各派的應用，然而對講究科學的現代人，實證是最有力破除迷信的方法。認識元空居士，也瞭解他的背景，自己受用得到好處，才能分享給別人，如同我們學企業管理，一定不會去找一個沒有成就的人。作者因為興趣研習地理四十年，公務人員退休之後，從事建築工作頗有心得；培養子女赴美留學，皆是高學歷，財富也在一般人之上。風水自己學自己用，更能重視師門傳承，撰寫本書是受師之託付，如今把符合地球科學的「長眼法」整理成冊，讓「本土風水」可以有個傳遞，也讓許多對於風水有興趣的朋友，可以有個最簡單的學習參考，不用羅盤就可以看出風水的好壞，值得一讀。

本書作者引用「科氏力」做為「長眼法」的理論基礎，使「本土風水」不「土」，並使風水給人迷信、遭人詬病的錯誤印象，為風水學界打出漂亮的一擊，誠如其序言所說：「不信風水者，不再排斥；未接觸風水者，容易瞭解；喜愛風水者，有門可入；學而未通者，可解疑惑；習而有得者，可得互補；自認通達者，不可漠視；甚至不屑者，更不可不讀。」的確，元空居士將「長眼法」獨缺的理論依據給補足了，是第一位將地球自然現象的科學驗證，注入「本土風水」學，使得不用羅盤的「長眼法」成為完整架構，而名副其實的科學風水。

為了方便讀者，在本書的最後列出「看宅七步訣」，讓讀者可自行勘察自己的住宅，自己檢驗，是最實際的。這樣簡單、方便是所獨具的。尤其書中的方法，可以複製，只要地理形勢符合，沒有不應驗的。書中一百多張照片也是作者親自拍攝，甚至照片所標示解說文字與畫線，也親手自己來，皆為了幫助讀者快速理解，可見作者之用心、細心，實是難得遇見一本好風水書。對於喜愛「長眼法」的人有書可參考，而且全盤完整的掌握，不被誤導，亦即是序文所言：「長眼法本來面目。」

我是公司經營者，我努力在我的事業上，以及人際關係、家庭、健康的經營。幾年前，我受到元空居士的指點搬到一個符合「長眼法」地理形勢的好風水房子，這幾年來，雖不能說是成功人士，但事業平順，在我的產業裡已成為一知名的品牌。家庭和樂，育有兩子一女，家庭事業兼顧，循序漸進成長，皆因住宅與公司，順應地球的自然現象之所助。欣逢「長眼法」成書付刊，作者邀序於我，故樂於出面見證並為之序。

元暢科技公司總經理 柯混元 謹識

二〇一四年十月十三日於中壢

自序

承襲「長眼法」雖已多年，學涵仍淺，唯獲師的囑咐，將「長眼法」撰寫成書，盼能流傳於世，以供後人學習參考。可是祖師未曾遺留文字，史料考究甚為困難，恐有遺漏之虞，實難克盡全功。然而「長眼法」被炒得熱呼呼的，聲名大噪，已成為現今風水學界的奇葩。

「長眼法」是一門符合科學的風水學，發源於台灣，始於光復前，歷史淺近，不過百年，筆者稱為「本土風水」，以與源自中國大陸的「傳統風水」有所區別。「本土」與「傳統」最大差異之處，「長眼法」不用八卦理氣，只依地理形勢，論述陰陽兩宅吉凶，故有人說：「看風水不用羅盤」就是指本土法門。這的確是個好方法，八卦理氣深奧複雜，派別又多，不容易貫通。有了「長眼法」，要瞭解風水那就易如反掌，不必像「傳統風水」需具備大學問。但「本土風水」先祖傳承「長眼法」以口授方式，學徒各憑記憶與各自領悟，全無文字資料可循，唯恐流傳分歧，疑義叢生，滋生偏頗，有失「長眼法」本來面目，是為師者的深思遠慮，為免失真而後失傳，實為本書撰寫的緣起。今書稿已完成，師願已償，我責亦盡，於付梓之際，聊具數語以表衷心。

「長眼法」何以是科學的？它是依據我們賴以生存最親近的地球，繞行太陽公轉與日夜交互自轉，永不停息而規律的運行。而在地球旋轉體系中移動的質點，會受來自於物體旋轉的影響，在旋轉體系中進行直線運動的質點，由於慣性的作用，有沿著原有運動方向繼續運動的趨勢，由於體系本身是旋轉的，在經過一段時間運動之後，體系中質點的位置會產生變化，它原有的運動趨勢的方向，如果以旋轉體系的視角去觀察，就會發生一定程度的偏離，這就是科學家發現的所謂「科氏力」。這種偏離在北半球呈現偏右現象，因此地面上移動的風與水，也呈逆時針方向旋轉。「長眼法」依此逆時針偏右旋力，以「龍過堂」的地理形勢來迎合，即能達到藏風納氣的作用，此與地球自然現象契合，故具有科學精神也符合自然現象的風水理論。

依據地球自轉自然現象的「科氏力」做為理論基礎，「長眼法」就建構一套完整的風水體系。有開創的祖師，有法脈的傳承，有理論的依據，有原則與方法，有實驗印證，至此「長眼法」已奠定了堅固的磐石，為其他門派所不能企及。因為「長眼法」認識大自然，不離大自然，不違反大自然，更懂得順應大自然。所以，不信風水者，不再排斥；未接觸風水者，容易瞭解；喜愛風水者，有門可入；學而未通者，可解疑惑；習而有得者，可得互補；自認通達者，不可漠視；甚至不屑者，更不可不讀。

風水學自古以來，皆曰天有象，地有形，形以導氣，形止則氣蓄，遇風則散，界水則止，此應指地氣而言。而前堂的形勢，要左右龍虎環抱，層層交鎖，朝對有情，四勢圍繞，環顧緊簇，此應指風與水而言。言地氣論風水，意在龍真穴的，藏風納氣。然而地球運行的慣性，帶動地面偏右的氣旋，在風水學似從未見論述，倘若將此因素併入探討，前堂的龍虎環抱，則必須進一步細分，是左龍環抱右虎，抑是右虎環抱左龍？若是右虎環抱左龍，與地球運行自然氣旋相為背離，不但不能圍衛護氣，反而形成散氣的現象？此疑點實有深究的必要。果真如此，龍真穴的的條件，應不包括虎抱龍形勢。亦即右虎環抱左龍堂局，應不可認定為真龍結穴之地。葬而不發，或一發即衰，應是誤認此等假穴所致。

本書共撰有十章，凡「長眼法」的發源，祖師的傳承，教學方式，理論依據，形局型態，象徵意涵，實務驗證，吉凶判斷，修改方法，看宅步驟，均無不備。但不周全，實在難免，然奮力以赴，已竭盡所能。「長眼法」基本內容已完全揭露，毫無保留。願以此拙著，起拋磚引玉作用，站在這個基礎上，企望前輩賢達，共襄盛舉，把台灣本土不用羅盤的風水學「長眼法」，繼往開來，共同推向另一個里程碑，使「長眼法」愈發精蘊，永遠留傳世上，與有緣者結個好緣，則甚幸矣。

元空居士 謹識

二〇一四年孟秋於台北山居淨廬

目錄

陽宅的修改

第十章

第一章

長眼法的意義與師傳

第一節 長眼法的意義

「長眼法」這三個字，從文字上來看，「長」是擅長、專門的意思；「眼」就是眼睛、眼力；「法」是方法、法門。合起來就是擅長用眼力觀察地理形勢的一種專門學問。從實質上來說，是專以地理形勢論述陰陽兩宅禍福，不用易經八卦理氣以及三元九運的方法。簡單說「長眼法」就是專以地理形勢論述風水的一種法門。

「長眼法」雖說依據地理形勢，其實是本著地球運行的慣性，在北半球所帶動的逆時針偏右旋引力。這一種偏右旋無形的引力，牽動了風與水，所以論述風水不能不知這巨大力量的影響。而「長眼法」的「龍過堂」地理形勢，就是在迎合地球運行自然的右旋力量，建構而成的。無論是陰宅、陽宅，或是外在形勢、內部佈局，甚至整個地球表面上一切事物，無不受其影響。

自古以來，地理風水論述的重點，著重在山川的向背與情性，甚至還推演時間與山川的衰旺，卻從未有論及地球運轉的慣性所帶動的自然引力，對於地球上風與水的實質影響。人生活在地表上，人與地球最貼近也最親切，地球運轉的慣性所帶動的偏右引力，不時的且直接的影響地表的事物。「長眼法」就秉持著這股無形的自然引力，論述風與水對人的吉凶禍福，地理形勢能迎合地球運轉自然的引力，人與事就自然和睦順遂，背離自然的引力，人與事就自然離散乖逆。所以論述地理風水，不論地球這股自然引力，禍福則將失去準據。

只要懂得地球運轉所牽動的偏右引力，就掌握了「長眼法」的風水核心，進一步的瞭解「長眼法」的地理形勢，就掌握了人生的順逆禍福。所以人生活在地球上，不能不知「長眼法」以來順應自然力量，而知選擇宅居以達藏風納氣，趨吉避凶。

風水學論述著重山川巒頭與八卦理氣，巒頭是在探討地理形勢，理氣是在論述山川興衰，是空間與時間兩大主軸，空間與時間交會才能產生一定的作用，這是風水學論述的焦點。「長眼法」雖說不用八卦理氣，也不因此而失去時間的論述，而有所缺失。「長眼法」地理形勢的觀念，已經隱藏時間的因素，即空間蘊含時間，空間即是時間，空間與時間不二，為「長眼法」獨具的重要觀念，為其他門派所無。

學習地理風水，大部分的人有一個共同的體會，八卦易理很複雜，派別也多，不容易學通。在應用上，理論與實務很難契合；也就是一到現場，不知如何應用理氣，有茫然的困惑。「長眼法」不用八卦理氣，沒有理氣與實務運用的困難，所以是一門非常實用的風水學。

「長眼法」僅依據地理形勢，沒有艱深難懂的理論，是極為簡單的風水方法，這個方法省略了八卦理氣的複雜性，以及三元九運的神祕性，對一般人來說，很容易瞭解，很容易應用得上。也因為專就地理形勢論述風水，對地理形勢的認識與瞭解，有獨到之處，深入細膩，所有原則與方法，皆來自實地驗證所得的結論，凡符合地理形勢要件者無不應驗。所以對有學之士來說，是一門值得參考的風水學；對於初學者，容易入門而實用，是一門難得的風水絕學，不可忽略。

第二節
本土與傳統風水

「本土風水」這個名詞在風水學上，應是第一次出現。「本土」兩個字是用來區別自中國大陸傳入台灣的風水學的，並將中國大陸風水學冠上「傳統」二字，統稱為「傳統風水」。「本土」是相對於中國大陸，指台灣本地而言「本土」。在台灣發展而成的風水學，相對「傳統風水」稱為「本土風水」。「長眼法」就是純粹在台灣蘊育發展而成的「本土風水」學，與「傳統風水」學完全沒有關聯，自成一格的風水學。

「本土風水」最獨特的，就是不用八卦理氣，因此勘察風水，就不用羅盤，這是與「傳統風水」最大差別之處。「傳統風水」自古以來，論述風水不外分金坐度之用，三元九運是指天運的更替轉換，用來論述分金坐度與山水衰旺的。「傳統風水」的龍法、理氣與元運，由於歷史久遠，真義難明，山水形勢與八卦理氣，兩大主軸相互配合，缺一不可。

使用方法需要用羅盤，來察看陰陽兩宅的分金坐度，以及四周山頭與流水的方位，根據八卦易理論斷吉凶禍福。

本土「長眼法」不但不需要八卦理氣，更不需要三元九運的配合。八卦理氣是用來分辨山水形勢，選擇立向分金，「本土風水」的「長眼法」卻不需要羅盤，僅以一支長三、六五台尺的竹棒，登山踏步用來做枴杖，到墓穴則以這竹棒做為量山測水、刑沖尅煞，以及分別房份之用，完全代替了羅盤，所以「本土」的「長眼法」最獨特的就是「看風水不用羅盤」。

本土「長眼法」不但不需要八卦理氣，更不需要三元九運的配合。八卦理氣是用來分辨山水形勢，選擇立向分金坐度之用。三元九運是指天運的更替轉換，用來論述分金坐度與山水衰旺的。「傳統風水」的龍法、理氣與元運，由於歷史久遠，真義難明，所以衍生許多的門派，而且論述紛紜，莫衷一是，尤其元運更是密而不宣，想要一窺究竟，很不容易，難上加難。「長眼法」在這兩部分都省略了，減少很多麻煩與困惑，只就陰陽兩宅的左青龍、右白虎、前明堂、後靠山四勢，純以形勢為依據來論斷吉凶禍福。「長眼法」論述山川形勢的原則，以眼睛所能看到的為限，看不到的則不論，就是以「眼見為憑」。四勢的山峰巒頭、池塘河水，必須「近者先論」，因為近者先感應，所以論述形勢，不可以捨近求遠，這是最為重要的原則，絕不可以違背。輒見時下的人，不論陰宅或陽宅，皆喜居高臨下，遠眺群峯山巒、河水溪流，沒有阻礙的空間視野，認為就是好的宅居，這樣認知是錯誤的，就遠捨近，這正與「長眼法」所論述的原則方法背道而馳。

「長眼法」論述陰陽兩宅皆憑據地球自轉運行慣性引力，所以論斷風水沒有陰宅、陽宅兩套不同的標準，而「傳統風水」陰陽兩宅各有不同的論述方法。「長眼法」與「傳統風水」對地理風水，皆在探索尋求「藏風納氣」的地理形勢，「長眼法」認為生人居住的陽宅與祖先遺骸埋葬的陰宅，同處在地球的地表土膚之上，同樣受到地球自轉所牽動偏右旋引力的影響，所需求的地理形勢不應有所不同，其探究的方法也就只有一套，沒有陰宅、陽宅兩套不同的標準，這也是「長眼法」另一個重要的特點。

目前台灣所有的地理風水文獻，不論是山川龍法，或是八卦理氣，甚至三元九運，皆傳自中國大陸，而且源遠流長，最早出現應該是在《詩經》上，經云：「篤公劉，既溥既長。既景乃岡，相其陰陽，觀其流泉。其軍三單，度其隰原。徹田為糧，度其夕陽。豳居允荒。」這是說周朝人的先祖公劉相地察水，觀察山川的形勢，以及陰陽的向背，選擇居址營建住房，和軍民一起治理田地，種植莊稼。這《詩經》的記載說明至少在周朝就有了相土嘗水的觀念。

《史記》上「樗里子甘茂列傳」也記載：樗里子利用觀察地理風水預測未來的事蹟。樗里子即秦孝公之子，秦惠文王之弟叫做嬴疾，因封於嚴道，故又稱為嚴君疾，是戰國時代秦國著名的軍事家和政治家，樗里子晚年的時候，他自己選定墓地，並預言說：「後百歲，是當有天子之宮來夾我墓」。果然在他卒後百歲，劉邦建立漢朝，於渭南建宮殿，其中「長樂宮」在其墓之東，「未央宮」在其墓之西，印證了樗里子預言不假。於是後世的堪輿家皆奉樗里子為相地術之正宗。可見在春秋戰國時代，已有了臨場相地的事實。

風水歷經兩千多年的傳遞演變，至今派別林立，門戶之見差異甚大，其中難免有所違誤，也有以偏概全，甚至自讚譭他、互相攻訐的情形，因而給世人不良的印象，嚴重影響風水學界的聲譽。不論「傳統風水」派別有多少，歸納起來只有兩大類，一是地理形勢的「巒頭派」，二是易經八卦的「理氣派」。清朝丁芮樸著《風水祛惑》云：「風水之術，大抵不出形勢、方位兩家。言形勢者，今謂之巒頭，言方位者，今謂之理氣。」「巒頭派」的代表人物，應首推唐朝的楊筠松（被尊稱楊救貧，也被尊稱為楊公）。風水學在古代本來是帝王御用之術數，可說是帝王之術，專門為帝王服務，楊筠松就是唐朝僖宗皇帝御用之風水國師，官拜金紫光祿大夫，專管靈台地理風水事務。風水術數典籍本深藏於宮廷，不許流傳民間，類似戒嚴時期所謂之「禁書」不可流通的。但在黃巢之亂攻破京城，楊筠松為了逃難來到贛南興國的三僚村隱居，才開始授徒，因而三僚村後來出了很多的風水國師，帝王之術始得流傳民間。楊筠松著《撼龍經》、《疑龍經》專門探討山川龍脈之地理形勢，廣為流傳後世稱為贛派的風水祖師。明朝王禕著《青岩叢錄》云：「擇地以葬，其術本於晉郭璞，……後世之為其術者分為二宗……曰江西之法，啟於人楊筠松，曾文辿及賴大有、謝子逸輩，尤精其學。其為說主形勢，原其所起，即其所止，以定位向，專指龍穴砂水之相配，其他拘泥在所不論，今大江以南無不尊之者。」這說明風水學術到清朝時，贛派已傳遍了大江以南各地，這都要拜唐朝楊筠松之賜，帝王之數術才得以廣為流傳。

至於易經八卦的「理氣派」，早在秦漢之際，有張良的老師黃石公，著《青囊經》三卷，清朝三元玄空祖師蔣大鴻，釋示指出上卷謂「化始」，意謂「此篇以無形之氣，為天地之始，而推道原之所從生也。」中卷謂「化機」，意謂「此篇以有形之氣，為天地之機，而指示氣之從受也。」下卷謂「化成」，意謂「此篇中言形氣雖殊，而其理則一，示人以因形求氣，為地理入用之準繩也。」黃石公指出天地之先為無形之氣，因氣動而有了陰陽，由陰陽激盪交媾，上升為日月星辰，下降為山川五行，地有五行實因天有五曜，雖有天地之分，其實其道理是一貫的，理是寓存於氣，而氣則依附於地，地有四勢，氣從四面八方而來，因氣遇風則散，遇水則止，所以要使行而有止，形止氣蓄，才能濬發靈機，萬物化生，為我所用。

至唐朝楊筠松接續黃石公，闡揚其道理，著有《青囊奧語》、《都天寶照經》、《天玉經》，還有其門人高徒曾文辿著《青囊序》，除發揚光大八卦易理的理論外，這著作裡面還蘊含有天運的祕密，天運即是所謂的元運，後來有上下二元八運及三元九運不同的論說。由於所著，內容深奧，非一般人所能理解，因而其高徒曾文辿才著了《青囊序》進一步解說其奧義，所著雖說解說，仍然沒有明白說出來，語言仍帶保留，至今還沒有人能真正瞭解真義。元運的關竅沒有高人指點，雖有超人的智慧猶不能得其解，可見其奧祕。元運天時是「傳統風水」學最重要的一環，因為即使獲得龍穴砂水之真，八卦易理分金坐度之正，最後還需要有天運的配合。形勢坐向都屬於風水之空間，加上元運之時間因素，才能真正的生起作用，亦即空間需要時間之配合，方能成就一切事物。到了清初蔣大鴻苦學十年無成，後巧遇名叫「無極子」的異士，跟隨十年的學習，而後再經十年遊走各地驗證，彙聚實證的心得而著作《地理辨正及補義》，跟隨大師的腳步，欲將天運的奧旨予以解破，其用意足令人敬佩，可是當拜讀了遺著，只發現除了對錯解予以辨正外，關於天運的部分，除了比往昔更為重視而明確的提示之外，也一樣沒有將元運洩出。他說：「地理之要，只在衰旺生死之辨也，衰旺有運，生死乘時，陰陽元妙之理，在乎知時而已。」這個「時」指的是「元運天時。」又在《都天寶照經》補義中說：「寶照真祕訣（指元運）……若人遇得是前緣，天下橫行陸地仙。」蔣氏特別強調，風水最重要的是，掌握元運天時，天運到臨才能打動山川，扭轉乾坤，奪天地造化之妙，成為地理的神仙。但是在緊要的關頭，他緊急踩剎車，他說：「天機祕密須待口傳，不敢筆之於書。」可見在他遺著中，有關元運天時的祕密，只能口傳不能寫在書上，仍然沒有洩漏天運的玄奧祕密，這也不能責怪，他說：「父子雖親不肯說。」這可知蔣大鴻對天運之極度重視，密而不宣，口風緊密的程度。所以後人至今猶未能參破真正的元運，可見「傳統風水」中的元運天時，實在不容易遇著，若有人幸運巧遇，也是前世的因緣所導致。風水學界為了要掌握風水的關鍵，大夥兒爭相揣模，就發展出許多的推論，但實際臨場應用，致生大差異，沒有如法獲得應有的效驗。例如所知的三元玄空大卦、三元玄空飛星、沈氏玄空學、玄空六法等等不同派別，各有不同的論述，而差異甚大，致使初學者不知如何選擇。這說明要學習「傳統風水」不是一件容易的事，尤其有關真正的元運天時，不可能從書上獲得，只能待明師高人親傳口授，明師高人又在何處？何能有幸遇著？花了半輩子時光，很難進入「傳統風水」的門檻，登堂入室更難說了。

「本土風水」的「長眼法」，不用八卦理氣與元運天時，不但沒有「傳統風水」的種種困難，也不需去探索元運的奧祕，但是它卻具有現代化的科學理論，即地球自轉運行慣性所牽動的偏右旋力，這個理論是經由現代科學家法國的科里奧利（Gaspard-Gustave Coriolis）所發現，稱為「科里奧利力」，簡稱為「科氏力」。後再經同為法國科學家的傅科（Jean.Foucault）實驗證實，地球自轉運行的慣性引力確實無所不在，這個實驗稱為「傅科擺實驗」。根據「科氏力」原理來說明，「長眼法」的地理形勢，而成為「長眼法」的理論依據，所以「長眼法」的「龍過堂」地理形勢，就建構在「科氏力」科學理論的基礎上，可以說是一門具現代科學精神的風水科學。

陰陽兩宅建在地球表面土膚之上，與地球最為親近貼切，因而比起其他星球更有關聯，地球自轉運行慣性偏右旋引力，地表的「風」與「水」皆受偏右旋引力的影響，這屬地球科學的領域，被編列在高級中學教科書，最為公開而人人皆得以學習，因此「長眼法」沒有「傳統風水」的玄奧神祕性，也因為理論最具現代科學實證，足以令人信服而沒有疑惑，純以地理形勢迎合地球運行的自然現象，論述「風」與「水」是最得當也最實際，沒有「傳統風水」深奧難懂的困惑。

「長眼法」也不因不用八卦理氣，對時間因素的論述有所偏失，有所遺漏，即地理形勢的空間，隱含有時間因素的觀念，以空間來詮釋時間，反而更為直接了當而明確。這空間隱含時間的觀念，是「長眼法」最特別而獨具，為其他法門所無的。所謂「空間隱含時間觀」，「長眼法」論述陰陽兩宅的基礎是依據地理形勢，而宅的四周形勢與中心點距離的遠近，距離的遠近就隱含著時間，遠者表示時間長，近者表示時間短，因而遠者應驗的時間就較久，近者應驗的時間就較快，遠近就是時間的長短快慢，所以「長眼法」對於形勢的審視，以最貼近中心點者優先論述，再逐漸向外延伸。近者應驗時間短，遠者應驗時間長，空間就是時間，空間時間不二的道理。所以「長眼法」審察形勢，不可捨近求遠。必須近者先論，所以感應快速，自然而然「長眼法」就成為最快速最靈驗的風水法門。風水之所以不靈驗而為人所懷疑，其主要原因在於論述風水，貪求遠景忽略近處，不知道近處先應驗的道理，喜遠山而疏忽近水，故所論吉凶禍福無憑，終為人所詬病。

「長眼法」對於形勢的空間，不僅隱含時間觀，其空間的遠近也代表家屬的輩份關係，近者為當代，遠者為下代，更遠者第三代。近者指從宅的中心點算起，為現前在世最長者為當代，接著往外稍遠者為第二代，以此類推，越遠輩份越小。遠近是需要測量的，所謂近者為當代，是指「長眼法」專用的「竹棒」來測量，「竹棒」三倍長的距離內為當代，再往外第二個「竹棒」三倍長的距離內為第二代。凡在這樣距離內，有違「長眼法」地理形勢者，問題就會出現在那一代。對於遠近感驗的時間，也以「竹棒」來計算，一根「竹棒」的長度代表時間為一年，兩根「竹棒」長為兩年，以此類推下去。所以空間不僅代表時間，同時也代表家屬的輩份，以空間來衡量計算時間與輩份，是很直接而明確的。這也是「長眼法」獨特之處，與「傳統風水」另一個差別之所在。

「傳統風水」也有類似空間即時間的觀念，文獻上記載主張陰宅風水格局不可貪圖局大，局大不易聚氣，而要局緊，緊者氣聚，氣聚則速發。局緊是指堂局緊湊，緊湊就是四勢周圍親近的意思。速發指時間很快就會應驗。局大則氣散，大者遠，遠者時間長，嚴重者就不會應驗。所以風水不應驗其中一個重大原因，是錯在貪圖遠山峯巒，疏忽堂前左右龍虎尺寸之高低。

在「傳統風水」也同樣重視堂局緊湊，舉宋朝辜託長老著《入地眼》中有關宅之「四勢」形態的釋示，有云：「勢中首取羅城密，四勢前後、左右，周圍局面是也。詳前觀後，防空曠而吹胸劫背。覘左盼右，忌凹缺而割耳射肩，障空補缺，天造地設，此可知四勢周密矣。羅城有內外之分，穴場名內羅城，宜緊小宜周密，不可放鬆，要有城郭。外羅城不必苛求，大小聚散任君裁，高低偏正勢中悉。山以氣止而不徒大，故諸峯散亂休留意。水以勢全而不亂蓄，故羣流返去莫勞看。大勢若聚則奇形怪穴而愈真正，大勢若散則巧穴天然反虛假，合之可以知四勢之團聚矣。」這說明穴場前後若空曠，就患了風吹胸背；左右若凹缺，就患了割耳射肩的毛病；局勢若緊密，奇形怪穴則愈真正，局勢若鬆散，即使天然巧穴則反虛假，這在在說明四勢團聚的重要性。團聚是局緊，局緊是離穴場近，近則時間短，時間短則速發，辜老這一段話就是空間隱含時間觀的最好說明，只是沒有直接說出空間即是時間而已。而「長眼法」對四勢的詮釋只用一句「龍過堂」全部涵蓋，雖予以簡單化，內涵則與辜老的意思完全相同，不謀而合。

時間雖有早晚遠近，地域縱有東西不同，大師對地理形勢的領悟與見解，竟然有異曲同功之妙，這說明凡是真理不因時間、地域之差異，結論終究是一致的。辜老遠在千年前，自稱得神龜的點化，能眼觀七尺的穴土，又遇到唐朝邱延翰仙師的門人青衣子老師的指點，方得以明白瞭解理氣。而本土「長眼法」開創者「和尚師」，卻在台灣近百年前的日據時代，沒有人傳授，沒有老師，從小單靠那一份敏銳觀察與超人記憶，從實地驗證彙整出來的實務經驗，用極簡單方式表示出來，也就是將複雜的地理形勢，用最淺顯的語言說明，實非一般人所能及的，能化繁為簡，顧名思義，更是妙到極點了，若不是大師何以能至此境界？故「長眼法」開創者「和尚師」足以當之。

第三節 長眼法的創始

「長眼法」與其他的學門一樣，也有其創始者。依據「泥鰍仙」的敘述，「長眼法」的創始者是「和尚師」，也就是「泥鰍仙」的老師，「泥鰍仙」的「長眼法」，是由「和尚師」親自直接傳授的，也是唯一的傳人。

「和尚師」是日據時代的人。台灣在滿清時代由於中日甲午戰爭（一八九四年），清廷戰敗清政府將台灣、澎湖割讓給日本，直到第二次世界大戰（一九四五年）結束，日本戰敗才把台灣歸還當時的政府中華民國，西元一九四五年由國民政府接收光復台灣。日本政府統治台灣五十年，這段時期叫做日據時代。在這個時代由於日本想要擴張版圖，因而與所謂軸心國發動二次世界大戰，這時的台灣是日本的殖民地，不但沒有建設台灣，還徵召台灣人民前往前線作戰。為了戰爭的需要，搜刮台灣所有可用東西做為戰備物質，致使台灣物質極度缺乏，人民生活非常窮困。據老一輩的人說，連三合院房屋門板上的鐵環把手，甚至犁田用的犁頭鐵器，都被搜走，可見當時物資缺乏慘狀之一斑。

在這樣窮困的台灣社會，民不聊生，一般人都是赤貧的。「長眼法」的創始者，人稱「和尚師」，當時是個幫人家放牛的小孩，每天在「墓仔埔」放牛吃草，閒來無事，每看有人到「墓仔埔」遷墳或葬墳，都會過來看，主要想討個「墓龜」（祭拜後的供品紅龜粿）來吃而已。台灣民間習慣，每當到「墓仔埔」祭拜祖墳，遇有人過來都會將祭拜過的紅龜粿分給人吃，尤其鄉野的放牛小孩，有個紅龜粿吃就很高興了。小孩賞了個紅龜粿邊吃邊問主人家：「為什麼要遷墳呀？」主人家告訴：「是大房重病，躺在床上起不來。」就這樣在「墓仔埔」看人家挖墳，都一樣會問「為什麼要遷墳？」當時的人老實，都會得到正確的答案，小孩子記憶力好，把墓的四周形勢記下來，時間久了自然累積很多不同的地理形勢，也就是累積很多的案例。若遇有人葬同一地，經過不久又來遷移，他會問主人家，「是不是哪房出了什麼問題？」主人家會驚覺「你怎麼會知道？」就這樣同一地遷葬，反覆出現同樣的情況。台灣在那個年代，家裡長輩過世了，都是土葬，沒有人火葬，哪像現在各處政府建有納骨塔，才有了火葬。所以台灣早期「墓仔埔」很多，若嫌「墓仔埔」擁擠亂站崗，也可以用自家田地的角落來葬親，那年代政府也沒有管制，只要你想葬哪裡就葬哪裡，到現在往中南部走，還會發現田裡的角落有墳墓，也會看到「墓仔埔」與市區挨得很近。說到這裡，讓我想起我的祖母，過世時筆者還很小還沒上小學，長輩往生還不知傷心流淚，還勞大哥用方法把我嚇哭，這件事到現在記憶猶新，偶爾心裡這一幕又會重現。我的祖母就葬在自家旱地（不適合種稻田地）一個角落，並不妨礙農作。到現在才知道我父親有四男三女，我排行最後，帶領兄姊從事小農，在田裡努力翻滾一生，直到我上高中時期，為何僅能勉強圖個溫飽而已，因為我祖母的墓前是一塊低田，落差約一公尺，田的盡頭接著一條小河溪，用「長眼法」一看就知道墓前低陷，是個洩財格局，難怪我父親當時每每要向碾米廠預支白米以應急，等到下季穀子收成再歸墊，當然家裡的生活勢必捉襟見肘，日子過得很清苦。台灣剛光復一切有待重建，在南部高雄的家鄉有間碾米廠除碾米外，還會收購農家的稻子，有儲存稻子碾米再賣米的功能。我家田少產稻子有限，每季穀子收成，曬乾之後送到碾米廠賣一部分，一部分換回白米，所以在青黃不接時，常常需要向碾米廠墊借，這顯示我家小農非常清苦。

在這樣時空背景下，由於日本的統治教育不普及，鄉下農村的子弟當然沒有受教育的機會，父親是個不識字白丁，自然將兒女帶到田裡一起工作，仍然沒有因兒女參與增加人手，生活過得比較好。每遇家裡不平安，鄉下連個診所都很稀少，就會去廟裡尋求神的保佑，並請問神的指示，得的結果常是因祖墳有所不妥，而需要遷墳移葬，在日據時代絕大多數尤其鄉下都是文盲，光復後沒有風水師只有道士，道士平常為人誦經做法事，喜喪事為人擇日，也充當風水師為人擇地葬墳，依我父親的經驗他寧願相信神，所以每次都請神指示，方式不是乩童就是四人抬的小神轎，指示新墓地以及坐向，印象中祖先的墳墓也有好幾次的遷葬，結果沒有什麼改善，生活仍舊一樣的拮据。「長眼法」的創始者「和尚師」，為人放牛時期才有那麼多機會，實地觀察臨場見證，以及長時間累積，所以「長眼法」是從臨場實地的驗證發展出來的，而非憑空想像，依據祖師的地理原則，只要形勢符合「長眼法」的方法，沒有不應驗的。

「長眠法」創始者怎會有個「和尚師」的稱號？台灣光復前鄉下孩子，因環境衛生不佳，頭頂常會生白癬（都叫臭頭仔），也就是癩痢頭，要把頭髮剃掉，採某一種樹葉（記不得樹名當時叫做癬藥）摻鹽巴揉到生汁，再葉汁塗在頭上，光著頭較衛生也好敷藥，「和尚師」小時候也是個臭頭仔，後來長大了因會幫人看風水，很靈驗不便再叫臭頭仔，尊稱為「和尚師」。據說邀請他看過風水的人很多，每次下山到台北城，請他看風水或曾被看過的主家，都會送他禮物，每次下山都滿載而歸，在那個窮困的年代，有人送那麼多禮物，可見風水的道行的確不錯，受到愛戴。

「和尚師」的門人鄭清風先師，鄭先師在日據時代末期，在日本政府台灣警察派出所擔任警察的助理，好像叫做「警察輔」，警察的手下，當時警察配給他一支木製棍棒，配帶在腰間，在那個日本人統治時代，當個日本警察的助手，是件不容易的差事，「泥鰍仙」因為身材不高，配帶腰間的木棒會拖地。據老一輩的人說，當時的警察助手也是很威風的。鄭先師配帶的木棒會拖地，可以知道不是高個子。民國三十四年台灣光復，日本人回去了，朝代也換了，來個國民政府，講的是國語（台灣稱北京語），寫的是漢文，沒有學過漢文的鄭先師，以及替日本警察做事的關係，他頓時失業了，沒有工作生活也因而陷入困境，所以入山裡去似乎是最好的選擇。

鄭先師是新北市三重區（前台北縣三重市）人，失業期間到台北的六張犁一帶，那地方現在還是有很多「墓仔埔」，在因緣巧合下遇見「和尚師」，在完全瞭解鄭先師身世背景之後，才收為徒弟，將自創的風水數術親自教導傳授，教授的方式非常特別，那個日本統治剛剛結束的年代，是最為窮困的時期，教授風水自然就在山地溪水實地，老師帶領徒弟，徜徉山水之間，樹蔭下是教室，天空下的山水為教材，「墓仔埔」是臨場學習地，「墳墓」是個案解說圖，「竹棒」為教具，教學內容為實地取材，看起來似乎是極度的簡陋，可是這種親臨現場教學的方式，是現代人學習風水，最不足也是最欠缺的。因為現代人命好了，習慣於冷氣教室，老師準備講義，甚至利用現代電腦科技，放映圖片，影聲俱全，學生舒服的聽課，老師準備教材，在教室拼命講課，把老師給累壞了，反而到實地學習時間有限，課堂與現場銜接不起來，就像古人說的「屋裡先生」，課堂好像都懂了，到現場還是茫茫然，抓不到重點。所以「和尚師」臨場實地教學方式，才是學風水最實際的方法，沒有比這個更好更有效的了。「和尚師」用竹棒比劃墳墓點近點遠，更是在教鄭先師如何用雙眼，如何發揮眼力，眼是心之竅門，眼貫心，心眼不離，

心以眼攝物，從近漸遠，從粗至細，鉅細靡遺，看遍各式各樣的地理形勢，正如古人所言，

學習風水要有好眼力，也要有好腳力。哪一個大師不是以腳力培養眼力出來的，當然「和尚師」帶領鄭先師走遍六張犁、四象山還遠到深坑、木柵一帶，甚至整個北台灣，反覆堪察，一再思維，把各種不同的山川以及所感應的吉凶，牢牢印在心底，能夠一到穴場墓前，以雙眼一照，心底浮現美惡吉凶，不假思索，好壞立判，純以眼力觀照不需羅盤理氣，單憑兩宅四周山川形勢，論斷吉凶的風水方法，這就叫「長眼法」。靠的是眼力，憑的是形勢，用的是竹棒，「長眼法」已足矣！

鄭先師不因學通風水「長眼法」，滿懷風水絕學，對於失業艱困的生活有所改善，仍舊一介莫莫無聞的凡夫，為生活所逼迫，只好到田裡抓魚鰍（台灣話叫泥鰍），那個時代農藥尚未出現，稻田每當要拔草施肥都先放水，這時田裡的泥鰍、田螺、小魚、小蝦，甚至還有鱔魚，都會被水帶出來，農人也會用竹編的魚籠，埋在水口處，隔天一早再把魚籠拿出來，籠中有各種魚類，帶回家就是一般農家常見的桌上好「料理」。那個時期台灣最值錢的田地，不是現在的建地，而是有水渠引水可以種稻的水田，沒有水可灌溉的旱地不值錢，因為那個時代稻米是台灣最重要的經濟農作產物，哪知道那些好的水田，現在反而不值錢了，因為種稻不賺錢，還要看天的臉色，又加上工業用地不斷的擴增，農地變成政府強迫徵收對象，反而成為社會弱勢的一群，任人魚肉宰割。

鄭先師抓泥鰍糊口，日子久了，人家以為他是以抓泥鰍為業，其實不然，是暫度的（台語說法），是暫時的意思。後來與人接觸往來，慢慢有人知道他懂風水，偶爾受邀，都非常靈驗，令主家甚為驚奇，一傳二，二傳十，慚慚地，名聲不脛而走，風水師聲望慢慢起來。加上台灣剛光復，國民黨雖然帶領政府與軍隊連同家眷，尤其兩岸尚可通往的短暫時間，那些懼怕共黨迫害的人，跟隨國民政府大批湧入，同時也把他們的家當寶貝，當然包括五術書藉也隨著渡海來台，之前台灣風水師還沒出現，只有聽過前清時代來自大陸的「唐山仙仔」，都是有錢人專門從大陸聘來，供奉在家裡，專為自家看風水，一般人沒有能力也沒機會。所以鄭先師沒有「唐山仙仔」架子邀請方便，也不需要重金禮聘，看風水的紅包隨主家的意思，沒有訂價碼，有需要隨請隨到，好用又經濟，是個十足的庶民風水師，後來有了聲望，不好意思直呼名字，又因過去常常抓泥鰍糊口，大家就稱他「泥鰍仙仔」（仙仔就是老師的意思），這個封號就冠上去了，叫起來很通俗也很親切，老少咸宜，「泥鰍仙仔」就是鄭清風先師的通俗尊稱。

「泥鰍仙仔」名氣響起來了，慕名想來學習的人也出現了，登門求學聞風而至，皆靠朋友相傳的，這時「泥鰍仙仔」的年齡也已不小了，但還算硬朗，教學生授課，對他而言是輕鬆的事。哪像現在利用網路，大肆自行宣傳，甚至自製影聲PO在網路上，自我宣傳老王賣瓜自吹自擂，都是自家最靈最好，花樣百出，但也不能責怪，現在的人不曉得什麼時候，學會勇於行銷自己，把自己推向第一線。談到這裡讓我想起，清朝的李汝珍在《鏡花緣》曾說：「況善風水之人，豈無父母，若有好地，何不留為自用？如果一得美地，即能發達，那通曉地理的，發達曾有幾人？」這句話很實在，但對時下汲汲營營想要招生授徒的所謂「老師」們，是當頭棒喝。真正的「老師」應該像古人說的：「學為人師，行為世範」，簡單說，當老師的先做出個樣子來給人當模範，才夠資格。所以清朝李汝珍的話，足以讓人反躬自省，自家的風水「喬」好了沒有？「喬」好了才夠格。沒有「喬」好，就沒有做出榜樣來，如何令人信服？

「泥鰍仙仔」的學生沒有記錯的話，正式入門的應有十五人，那時學生是陸陸續續來的有先後，師兄弟之間以先後順序排行，最先入門的就是一哥，以此類推。哪像現在刊登廣告，學員到齊才開始授課。要成為「泥鰍仙仔」入室弟子，有規矩的，必須要到「墓仔埔」對天發誓，誓言在此不便直說，大意是說：「做人品行要端正，要尊師重道，不可以長眼法謀取不法利得，謀財害義」等等之類的，若違反願受天譴。以自發的誓言，深植內心，得以自律，這樣的用意是美好的，將來學成在社會上成為一個「技術精湛，品德高尚」的風水師。

「泥鰍仙仔」正式的學生除了那十五個入室弟子外，在「泥鰍仙仔」晚年身體漸差的時候，也是有學生陸續進來，但課大多已不怎麼上了，所以末期來的學生大約五、六個人，就轉向師兄弟排行第十四的曹玄宗求教，之所以會向排行末端的師兄請教，因為曹玄宗在師兄弟們的眼中，是比較受到老師喜愛的，原因是出去實地上課，老師比較常搭他的摩托車（機車），即使有人開車也不搭，上完課遇到晚餐，他知道老師喜歡日本料理就陪著去。「泥鰍仙仔」住在新北市三重區，而曹玄宗住在蘆洲區，離老師不遠，往來甚為方便。老師受邀去看風水，也常要他接送陪伴，日子久了，師生之間也自然較為融洽，師兄弟心目中認為比較接近老師，應該學得比較多。另一個原因曹玄宗是由一個叫「石頭伯」介紹來的，「石頭伯」年齡比「泥鰍仙仔」略小，他們兩個熟識也是摯友，「泥鰍仙仔」都稱他一句「石頭兄」，曹玄宗也因為「石頭伯」的介紹，「泥鰍仙仔」曾說：「石頭兄推薦來的不會錯。」可見當時要入師門沒有那麼容易，都要熟識的人介紹，多一層人品的過濾，由此可略知一二。哪像現在刊登招生廣告招來的，只要按照規定繳交學費，哪管得何方神聖，照收不誤。又因曹玄宗來跟「泥鰍仙仔」學習時是一張白紙，從沒接觸過風水，老師教什麼就接受什麼，比較沒有存疑。人先入為主的觀念很重，對過去所學有所不同，心中難免會有疑惑。因而曹玄宗學習「長眼法」是比較純正的，不像其他人或多或少摻了一些其他的方法，較為混雜。因為這些緣故，所以末端來的師弟就自然圍在曹玄宗師兄的身邊向他請教。據他所說，那一段時期這五、六個人經常到他家請益，可說客人盈門，好不熱鬧。

「泥鰍仙仔」過世之後，曹玄宗在桃園曾開課教授「長眼法」，大約有四十幾人，隔了很久因緣成熟，在台北又開了一班，但人數沒那麼多。雖有師兄弟或多或少也有在教學授課，大部分的師兄弟沒有開班授徒。總體而言，「長眼法」經由「泥鰍仙仔」正式傳授下來的學生，論門派的學員是屬少數的。由於「長眼法」有它的靈驗性，又加上正式的學員不多，想要接觸「長眼法」機會很少，尤其想要一窺純正的「長眼法」，更是不容易，那得要看因緣了。更因仙師沒留下遺著，目前只有些在網路上流傳，但僅是片段而凌亂，更何況有些是誤解的，有系統而完整的著作尚未出現，因而增添了幾許的神祕性，想要瞭解的人不得其門，所以就在網路上炒得火熱，沸沸揚揚，聲名大噪。曹玄宗老師深恐流傳失真，失去「長眼法」本來面目，終會遭人遺棄，希望純正的「長眼法」，得以永遠留存下來，避免口傳越久造成偏差越大，因此特別囑咐筆者要撰寫成書，將「長眼法」口授的傳統，改變成為有書可傳，筆者接受此重大責任，如負千斤重擔，誠惶誠恐，一日沒有完成，就一日不安。

「長眼法」的傳承，從台灣日據時代的開創者「和尚師」為始祖，傳授鄭清風（泥鰍仙仔）先師為第二代，鄭先師再下傳二十位弟子為第三代。第三代的曹玄宗老師曾正式開班授徒兩期，筆者參與第二期學習。其他的師伯們，筆者未曾有緣面見認識，因而對「長眼法」發揚的狀況，不得而知，想必有一番好作為，日後若機緣成熟，願瞭解師伯們的研究發展，並藉機一一向他們請益學習，共同將「長眼法」在原有的基礎上，發揚光大推向新的里程。

第二章 長眼法的教學

第一節

長眼法的教學方式

「長眼法」的教學方式，最為特殊，也最實際，學生的學習效果也最好。老師教學上課不在教室，大多在室外的現場。為什麼用這樣的方式？而且也成為「長眼法」教學的獨特風格，因為「長眼法」風水完全依據地理形勢，不論述所謂「八卦易理」。八卦的形成，先、後天八卦原理，陰陽五行生尅制化，消砂納水的方法，及其實務上的運用，極為複雜，要學通就要花很長的時間，那就必須先在教室上課，「長眼法」不需要八卦理氣，就省了很多麻煩，所以也就不需要教室了。教學上課在室外的現場，這與「長眼法」創始人「和尚師」開創過程是相關的，前已談到「和尚師」小時候，經常在「墓仔埔」為人放牛，在「墓仔埔」現場，看人家葬墳、遷墳、再葬墳，遷遷葬葬的過程，發覺了其中的因素，皆由於地形的關係所導致，同一塊地坐向一樣，前葬與後葬，所導致的結果是一樣的，不同的地也就有不同的感應，他經年累月，一年復一年，他從遷墳主家的口中得到信息，他用統計歸納的方法，釐清來龍去脈，整理出一套原則，他清楚什麼樣的地理形勢必然會有什麼樣的感應，從現場實地獲得了印證，所以「長眼法」也可以說是地理風水的實證法，一切的方法與原則，皆從實證得出來的，具備了現代科學的實驗精神，所以才得到：「長眼法很準」極高的評價，從實地臨場的考驗為其主因。

台灣光復「泥鰍仙仔」的失業，並不是災難，可說是「天無絕人之路」，也可說「山窮水盡疑無路，柳暗花明又一村」。因危機出現了轉機，他巧遇「和尚師」，「和尚師」將他畢生的風水絕學，全盤交付了「泥鰍仙仔」，而「泥鰍仙仔」也全盤接受，不僅是「長眼法」的原則與方法，還包括傳授過程的方式，不在教室而在「墓仔埔」現場，沒有「文字」，也沒有現代的「講義」，在「墓仔埔」現場，在當時對他們師徒而言，就是最好最恰當的方式，因為他倆屬日據時代人，只會台灣話（閩南語），或者當時日語，雖然台灣光復國民政府來了，卻改用漢語文字也就是國語，他倆沒學過，因為這樣的時空背景，「墓仔埔」現場一對一的口傳心授，是最道地最實際的，也沒有比這樣更妙了。

書至此時，筆者想起中國佛教禪宗的祖師，從達摩祖師直到五祖弘忍祖師再傳六祖惠能祖師，都是一脈單傳，代代傳承以衣缽為信物，其中有一項最為後人稱讚的公案，就是惠能不識字，但弘忍大師知道他是位奇才，三更夜裡喚惠能到方丈室，用袈裟的寬袖遮擋不讓室外的人看到，為惠能開示，以口授心傳方式，解說《金剛經》大意，講到經文「應無所住而生其心」，這時《金剛經》還不到三分之一，惠能向弘忍報告，後面的不用再講了，他都瞭解了並當下提出心得報告，就是那五句二十個字對自性的解釋，得到弘忍祖師的印可，惠能已大徹大悟，明心見性，見性成佛。惠能大師不識字，以口授心傳，仍得以頓悟成佛。所以「和尚師」用口授心傳方式，傳授「泥鰍仙仔」風水絕學「長眼法」，如同禪宗祖師傳祖師一樣，那樣的莊嚴神聖，絕不因不識字，而不能開悟成佛。之後，禪宗六祖惠能大師打破傳統不再一葉單傳，廣為傳法，得法者（得法就是明心見性）四十三人，其他雖未得法而大悟小悟者不計其數，後來「一葉開五花」繁衍了「五宗七派」，極為興盛，當時唐朝的佛教可說是禪宗的佛教。

「泥鰍仙仔」的時代，如同惠能大師往下傳授了總共二十個弟子（連末端的學生）。

不用具太高的學術涵養也能學好「長眼法」，理應如惠能大師的弟子，發揚「長眼法」成為最實際最好用的風水學。「泥鰍仙仔」的教學方式，仍然依照「和尚師」的模式，在室外現場教學為主，老師、學生都住在台北縣市，到郊外都需要有車子，到了預定現場，老師就地講解，學生圍著聽，這樣教學完全依照「和尚師」的方式，並沒有任何改變承襲傳統。但這個方式也有個小缺點，老師現場講課，聽在學生的耳裡，每個人的領悟會有些不同，除非有疑義能即時發問，否則每一場的地理形勢都不一樣，講過之後重複的機會很少，又沒人錄音，沒有講義，想要複習都有困難，長期下來結果產生學生學習成效參差不齊，素質不一樣。如同「佛以一音說法，隨類各得其解。」正是最好的寫照。

「泥鰍仙仔」也常以講故事的方式上課，故事當中當然有風水含意，學生們若聽到重複的故事，私底下心裡會埋怨「又在講故事了。」學生不太喜歡重複的話題，其實細心的人注意聽講，會發現每次講的些許不同，意義也不同，沒有耐性的人就會失去領會新義的機會，一路下來就有顯著的差別。俗語說「師父領進門，修行在個人」，套在這個地方是再恰當不過的。這種純口授的教學方式，要靠學生自己隨行筆記，重點先記下來，回家再整理，完全靠學生自己的努力，但也有人連筆記都沒有，所以好的方法也有少許的缺點，但重要的在於學生自己勤不勤快，用不用心，而不在老師。

西元一九九〇年「泥鰍仙仔」逝世之後，可惜弟子們並沒有共同組成一個團體，聚合眾人力量繼續研究發揚光大，個人各自發展各自經營，又有些人摻雜其他門派，演變的結果「長眼法」就不純而起了變質，後學者很難學到純正的「長眼法」。其實筆者認為「長眼法」是一塊璞玉，越琢磨就會越亮，最後會光彩四射，火花綻放。但願所有鄭先師的弟子為往世繼絕學，為「長眼法」在風水學界開出一條康莊大道，成為一門顯學。

第二節 長眼法的教學內涵

「傳統風水」的內涵，基本架構包含兩大部分，一是山川形勢，二是八卦易理，實際運用需要用羅盤，做為理氣分金坐向測量之用，所以羅盤是必備工具。而「長眼法」只注重山川地理形勢，沒有用八卦易理，就不需要羅盤。但是需要用一根竹棒，竹棒的外徑一台寸，長度三台尺六寸半（請參閱圖一），這一根竹棒取代羅盤，「長眼法」就靠這一根竹棒做為測量之用。其實用的方法：（一）、用來察看房份。如察看大房，即將竹棒平放在墓碑上，與墓碑平行，看左龍邊竹棒對過去那一條竹棒線，就是大房的房份位；察看三房，同樣在墓碑的右虎邊，竹棒對過去的那條竹棒線，就是三房的房份位；二房在墓碑正前後，竹棒放在墓碑正中央，前後方這竹棒線就是二房的房份位。（二）、用竹棒測量輩份。依前述房份線以竹棒長度測量輩份，第一代從墓的邊沿量起，竹棒的

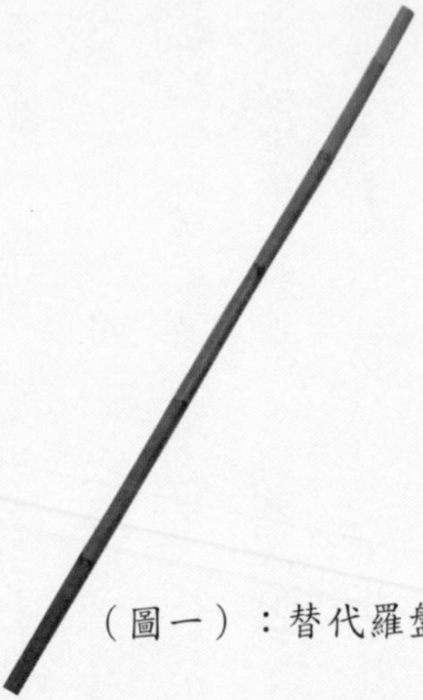

三倍長為第一代的公位，在這公位範圍內，形勢上有任何問題，就感應在第一代身上。再往外推竹棒三倍長為第二代的房份公位，二、三房以此類推下去。（三）、以竹棒衡量時間。竹棒的長度換算時間為一年，即在那一房的公位上，形勢出了問題，即從墓沿量起，到有問題的位置，量幾個竹棒長就是幾年，如量出來有三根竹棒長就表示三年時間，以此類推下去。

（圖一）：替代羅盤的竹棒

這是「泥鰍仙仔」教學上使用「竹棒」替代「傳統風水」的羅盤，這應是風水學界前所未見，並為不可想像的。為教學上第一個特點。

「長眼法」教學內容，有一項顛覆了「傳統風水」，也可能為風水學界所未聞，就是特別注重土地公。以筆者的認知「傳統風水」並不太重視土地公，安座的位置及坐向沒有特別講究，都是籠統的做法，沒有什麼依據各依其所好，有的說土地公守水口等等之類的。「長眼法」安置土地公不但講究，而且認為與墓碑一樣重要。墓碑立向用來合卦理消砂納水，為所有門派所認同，是很重要的一個環節。而「長眼法」把土地公視同墓碑一樣，可見重視的程度。「長眼法」認為除墓碑察看各房份的吉凶外，土地公也是察看各房份凶破的重要依據，察看房份是比照墓碑的方法，往往在墓碑上沒有問題，反而在土地公上發現種種的凶破，墳墓造葬沒有問題，「傳統風水」常常疏忽土地公，不知不覺中因土地公不當而招來了凶破，「長眼法」從實地驗證，土地公不得輕忽而應與墓碑同等重視，與「傳統風水」不同之處。這是教學上第二個特點。

「長眼法」再有一項超越「傳統風水」，在地理形勢主張「龍過堂」。什麼叫「龍過堂」，就是以陰陽兩宅，以宅為中心點，左龍邊的砂要比右虎邊砂高，左龍邊砂還要環抱繞過宅的正前方，而且形成左龍環抱右虎，龍長虎短而呈圓形體的風水形勢。「長眼法」強烈要求，陰陽兩宅之風水地理必須「龍過堂」形勢，為「傳統風水」所無，就是另一項重大特點，也是「長眼法」最獨具的。「傳統風水」穴場前的小堂要有龍虎圍衛，中明堂也要龍虎砂環抱，外明堂同樣要有左右龍虎砂，這樣左右龍虎層層環抱，層層交鎖，主要在藏風納氣，並使水有所止，且聚蓄堂前，但並沒有指出應該左龍包右虎或右虎包左龍？沒有分明更沒有要求，而「長眼法」強調「龍過堂」，是為形勢的主軸，基本地理形勢，非「龍過堂」不可。這是教學上第三個特點。

「長眼法」再有一項特點，極為重視明堂，所以要求兩宅前要有明堂，要「吐唇」且要「兜收」。「吐唇」的唇是嘴唇的意思，吐就是有的意思，合起來是「要有嘴唇」，人有嘴唇才能喝水，風水也一樣，兩宅前也要有「嘴唇」才能喝到水，水才能入喉。明堂前的「吐唇」要越長越好，除代表來龍氣脈旺盛外，還要有足夠餘地做為明堂，納氣納水。風水上指水為財，水要能入喉才有財，沒有「吐唇」就是不能得財。而有了「吐唇」怎樣才能喝到水？就是還要具備「兜收」。「兜收」即是明堂前的唇微微的蹺起，宅前略低而外微微高起，前高後低，使外水向宅前流入而停止聚蓄，只見來不見去。「長眼法」要求明堂有「吐唇兜收」，在平洋地比較有可能出現，在山地裡比較難找到，所以「長眼法」比較喜愛平洋地。反之，不喜歡明堂低陷，或者明堂下溜的形勢，以及明堂面臨懸崖，明堂低陷即使有水也無用，因為水低不能入喉。明堂下滑向前傾斜，只見去水不見來水，也毫無用處。明堂低陷或下溜，因不能蓄水見水，反而招致洩財、漏財。如明堂前臨懸崖山谷，最忌諱，不但失財，嚴重還會導致損人丁。這是教學上第四個特點。

「泥鰍仙仔」對「長眼法」的教學，承襲師傳，結出了原則性的重點，以一根竹棒代替羅盤。以「龍過堂」基本地理形勢，為主要的教學綱領。宅前要有明堂，而更要「吐唇兜收」，為招財致富之所在。特別重視土地公，因而可避免遭逢凶破。傳授了「長眼法」的基本內涵，堅定不移的原則，「長眼法」就在這樣的堅定基石上，推演出變化無窮的方法。

長眼法的理論

大約在十多年前偶然的機會，筆者向「泥鰍仙仔」第十四位嫡傳弟子曹玄宗老師學習「長眼法」，學習到的是純正的「長眼法」，因為他沒學過其他門派的風水，只有「長眼法」一門。之後，經過一段很長時間的摸索與體驗，總覺得「長眼法」都是臨場實地驗證的原則與應用的方法，不可否認的，這就是「長眼法」的特點。

筆者有機緣在新北市新店區的深山獨自潛居六年，在那無染的環境，心特別清淨，想到「長眼法」的基本地理形勢，為何一定要「龍過堂」？這個問題自學習「長眼法」之後，一直盤旋在腦海中而不解的疑惑，曾經問過曹玄宗老師，給的答案是不能成立也不能接受，他也表示對這個問題，「泥鰍仙仔」也沒有講過。筆者對這個問題潛思冥想應該與地球自行運轉有關，這期間友人柯混元先生來山居造訪，互相研討風水，討論到這個問題時，他提到地球科學有個叫「科里奧利力」論述地球運行有一種偏向力似乎可以應用，提供這個信息很值得參考，後來進一步搜查相關資料，詳細研究並加以審慎的評估，反覆的思維探討，以及請教物理學科專家，獲得支持與肯定，「科里奧利力」的確可以用來詮解「長眼法」為何要「龍過堂」地理形勢的真正理由與根據。

第一節　何謂科里奧利力

「科里奧利力」是由法國氣象學家科里奧利（Gaspard-Gustave Coriolis）研究發現。他的主要研究是力學和工程數學，尤其摩擦、水力學、機械性能、人類工程學等領域。於一八三五年提出，是以牛頓力學為基礎，為了描述旋轉體系的運動，需要在運動方程中，引入一個假想的力，這就是「科里奧利力（簡稱科氏力）」，氣象學上稱為地球偏向力。引入科氏力之後，在處理旋轉體系中的運動方程，就可以像慣性系中的運動方程一樣的簡單，大為簡化了旋轉體系的處理方式。

科氏力來自於物體運動所具有的慣性，在旋轉體系中進行直線運動的質點，由於慣性的作用，有沿著原有運動方向繼續運動的趨勢，由於體系本身是旋轉的，在經過一段時間運動之後，體系中質點的位置會產生變化，它原有的運動趨勢的方向，如果以旋轉體系的視角去觀察，就會發生一定程度的偏離，這就是科氏力物理上的意義。

以上說明，可能比較難以瞭解，舉下列（圖二）之「上圖」與「下圖」所示進一步解說：一個質點相對於慣性系做直線運動時，其軌跡是一條直線，相對於旋轉體系，其軌跡是一條曲線，站在旋轉體系，就認為有一個力驅使質點運動軌跡形成曲線，這個力就是科氏力。例如有一顆砲彈從北極發射出去，如果地球不會自轉，那顆砲彈的飛行軌跡，從空中鳥瞰，應該是一直線（請參閱圖二之上圖）。但是，實際上地球會自轉，因此隨著地球自轉的慣性，砲彈在空中飛行的軌跡，如果站在北極點看過去，是不斷地偏右的（請參閱圖二之下圖）。

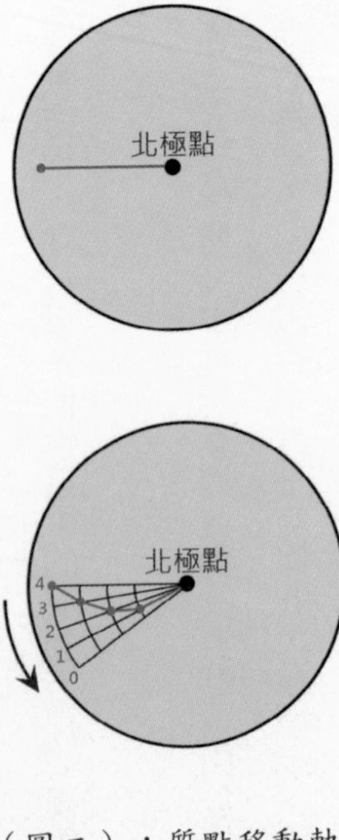

地球環繞地軸逆時針自轉，因為地球是一個球體，因此地球的經度越趨向南、北

（圖二）：質點移動軌道

兩極則趨於越窄，因此在不同的緯度，就會有不同的自轉速度。在赤道的自轉速度為1600km/hr，若在北緯60度時，速度會降至800km/hr，而在南北兩極則速度降為零。

用數學的方式來表示：2ωsinΦ當中ω是地球自轉的角速度，等於7.27x10-5 Rad/s，Φ是緯度。由於所跟的是正弦(sin)的變化，因此可知科氏力在越高緯度的地方就越大。因此，在北半球，當質點自南向北移時，科氏力會隨著緯度而增加，於是向東偏轉。相反，當由北向南移時，科氏力會隨著緯度而減弱，於是向西偏轉。而南半球則偏轉的方向和北半球相反。這說明地球自轉速度，在不同緯度其旋轉速度就不一樣，因而任何在地球上移動的物體，都會受到地球旋轉速度不同，對此移動物體產生一種使其偏向的力，這是氣象上的意義。

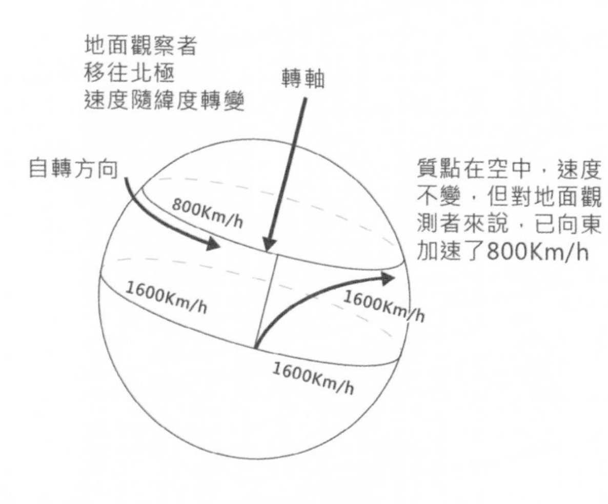

（圖三）：科氏力數據圖

第二節

傅科擺實驗

當法國的科里奧利提出「科氏力」之後十六年的一八五一年，同是法國的物理學家傅科（Jean Foucault），認同科氏力，為了證明這種現象的存在，他用實驗的方式。在國葬院（法蘭西共和國的先賢祠）的大廳裡，讓傅科用一根長六十七公尺的鋼絲線，和一枚二十八千克的金屬球，組成一個單擺，在擺錘下安裝一個指針，擺錘的下方是巨大的沙盤，將這個巨大的單擺懸掛在教堂的穹頂，讓這個單擺擺動，每當擺錘經過沙盤上方的時候，擺錘上的指針就會在沙盤上面留下運動的軌跡。單擺的擺動可以看作一種往復的直線運動，在地球上的擺動會受到地球自轉的影響，只要擺面方向與地球自轉的角速度方向存在一定的夾角，擺面就會受到科氏力的影響，產生一個與地球自轉方向相反的扭矩，從而使得擺面發生轉動，這個實驗證實了在北半球擺面，就會緩緩向右旋轉。由於這個實驗是傅科首先設計並完成了實驗，因而被命名為「傅科擺實驗」。傅科使用了如此巨大的擺是有道理的。由於地球轉動得比較緩慢（相對擺的週期而言），需要一個比較長的擺線才能顯示出軌跡的差異。又因空氣阻力的影響，這個系統必須擁有足夠的機械能（一旦擺開始運動，就不能給它增加能量）。所以傅科選擇了一個二十八千克的鐵球做為擺錘。此外，懸掛擺線的地方必須允許擺線在任意方向運動。傅科正是因為做到了這三點，才能成功地演示出地球的自轉現象。

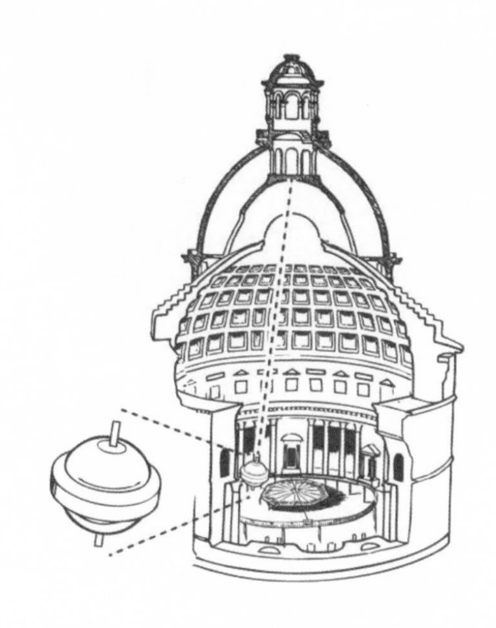

（圖四）：國葬院大廳的傅科擺（示意圖）

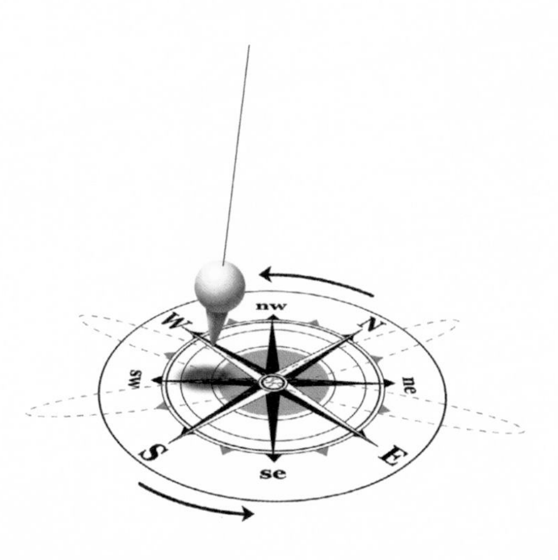

（圖五）：傅科擺實驗圖

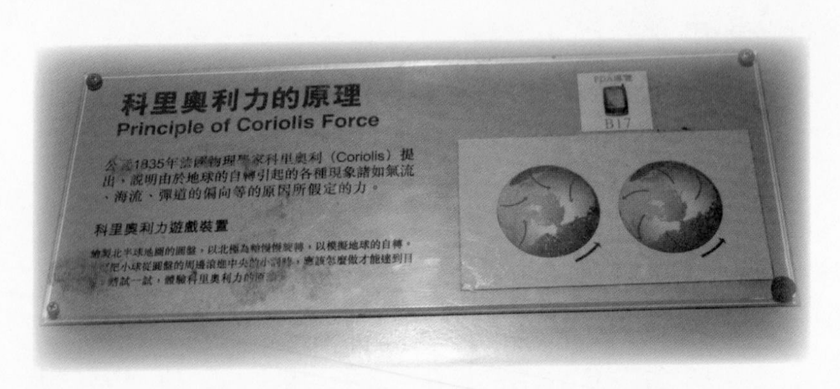

（圖六）：台北市士林天文館科氏力

現在，巴黎國葬院中依然保留著一百五十年前傅科擺實驗所用的沙盤和尺規。這個實驗不僅僅是在巴黎，在世界各地都可以看到傅科擺的身影。例如，中國北京天文館也有一個「傅科擺」的複製品。如果覺得英國太遙遠，中國北京也不方便，可以到台北市士林的天文館，到館內「科氏力」模型體驗一下「科氏力」的作用。

（圖六）為台北市士林天文館內「科氏力」的體驗模型。

（圖七）為台北市士林天文館內的科氏力模型，可以親自體驗「科氏力」的影響。

從以上「科里奧利力」的原理以及「傅科擺實驗」的結果，瞭解到地球以地軸為中心自行運轉，由於運轉的慣性作用，使地表移動的物質，改變原本移動的趨勢

（圖七）：科氏力體驗模型

方向。也就是原本由南向北直線移動的物體，會有向東偏離的現象；而原本由南向北直線移動的物體，會有向西偏離的情形。因此地表上移動的物體，受地球運轉慣性作用的影響，在北半球呈現偏右旋的現象（在南半球則相反）。因而堪輿學所論述的「風」與「水」，即受到地球運轉「科里奧利力」的影響，會有偏右旋的現象。

這種地球運轉產生的自然現象，無時無刻不在產生作用。堪輿學所探討「風」與「水」是物質，移動的「風」與「水」必然受到「科氏力」偏右旋的影響，產生偏右離現象，「長眼法」就利用地球運轉自然偏右旋的「科氏力」，為「龍過堂」地理形勢的理論依據。也就是「長眼法」的地理形勢效法地球運行的自然現象，是有科學實證的。堪輿學界論述「風水」，不可漠視現象界這股無形的力量。

第三節

科里奧利力的影響

「科氏力」是由於地球自轉所造成的假想力，所以如果沒有科氏力，就表示地球不會自轉了，地球沒有自轉晝夜將會非常漫長，也許要經過半年才有天黑或天亮，而當一半地球處在終日烈日照射，另一半地球則處在終日黑夜而嚴寒天氣。若把地球公轉也納入考量，當一個不會自轉和公轉的地球，則表示地球將會逐漸的靠近太陽，而終將被太陽燒毀了。

地球不停的由西向東旋轉，不同緯度點旋轉的速度就不同，因此任何在地球上移動的物體（質點），都會受地球旋轉速度不同，而對此移動物體產生一種使其偏向的力量，在北半球向右偏，在南半球向左偏，這種偏力就是前述的「科氏力」。為了更一步瞭解科氏力的存在，舉下列幾項對地球表面移動物體的影響，讓這看不見的偏向力，藉由實際影響現象來觀察「科氏力」確實存在。

一、對廣大海洋的影響。海洋洋面上的海水被風推動，由於「科氏力」的緣故（以北半球為例）使物體向運動方向的右方偏折，即洋面上的海水是沿著風向的右方45度角運動，再由於水的黏滯性，洋面以下的水隨深度的增加，而再持續向右偏折。整體而言，海水是向洋面上風向的右方90度角移動。也就是在中緯度地表的西風造成海水向低緯度地區南方移動。

二、對行星風系的影響。地表上的大地因受太陽日照受熱的不同，造成各地的氣壓差別，於是有風的形成。風在流動時受「科氏力」和摩擦力等的影響，發生偏向及阻滯作用。同時在流動過程中因溫度的改變，空氣又有了上升及下降的運動，使地球上的風系和氣壓分布越趨於複雜。以全球為範圍，風向固定的風系稱為行星風系。由於「科氏力」的影響，使得原本正南、正北的行星風系的風向改變。如0∫30度之間，北半球的北風轉為東北風，南半球的南風轉為東南風（信風帶）。如在30∫60度之間，北半球的南風、南半球的北風都會轉為西風（中緯西風帶）。在60∫90度之間，北半球的北風、南半球的南風，皆轉為東風（極北東風帶）。

三、對熱帶氣旋的影響。熱帶氣旋發生在熱帶、亞熱帶地區海面上的氣旋性環流，由水蒸氣冷卻凝結時放出潛熱，發展而出的暖心結構。熱帶氣旋的移動主要受到「科氏力」及大尺度氣候系統所影響。此外科氏力與角動量原理，也使熱帶氣旋的雲系，也圍繞著中心旋轉。當空氣沿氣壓梯度進入低壓中心，由於大氣流動與地球自轉方式的差異，會使大氣流動發生一定程度的偏離。在北半球當低壓中心以北的空氣南移，會向與地球自轉相反的方向（西方）偏離，而以南的空氣北移時，則會與地球自轉的方向（東方）偏離，而南半球空氣偏離的方向相反。因為「科氏力」與空氣向低壓中心的速度相垂直，這便創造了氣旋系統旋轉的原動力。在北半球

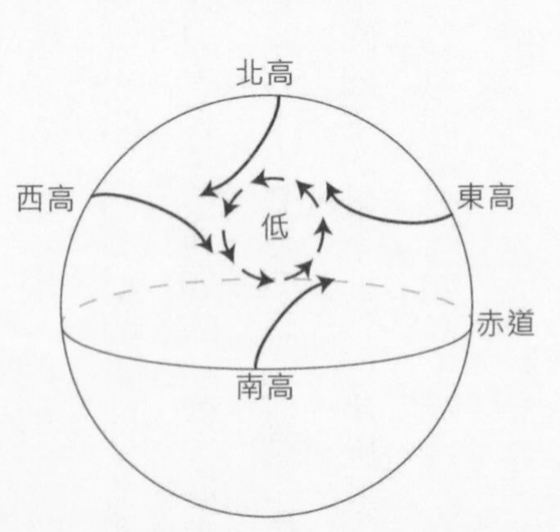

圖：在北半球，氣流自四周高氣壓區域向低氣壓中心移動時，皆向其右方偏向，整個氣旋為逆時針方向移動。

（圖八）：高低氣壓流動

的氣旋是逆時針方向轉動，南半球的氣旋則順時針方向轉動。如（圖八）在北半球，氣流自四周高氣壓區域向低氣壓中心移動時，皆向其右方偏向，整個氣旋為逆時針方向移動。

由於不同地區熱帶氣旋有不同的稱呼，在西北太平洋及其沿岸地區，如中國東南沿海、香港、菲律賓、越南、台灣，日本、韓國等地的熱帶氣旋，稱為「颱風」。而在東北太平洋、大西洋及其沿岸地區的熱帶氣旋，則依強度稱為「熱帶性低氣壓」、「熱帶風暴」或「颶風」。在氣象學上中心風力，達到每小時一一八公里或以上，熱帶氣旋才冠上「颱風」或「颶風」。

（圖九）：北半球颱風圖

在此引用中央氣象局紅外線雲圖，這是位於太平洋西岸地區每當七、八月間在洋面

（圖十）：台灣上空颱風圖

形成的熱帶氣旋，也就是我們最熟悉的「颱風」。

從（圖九）可以很清楚看到，颱風旋轉是呈逆時針方向，這是受地球自西向東運轉的慣性作用所產生的現象。

從（圖九）、（圖十）引用兩幅中央氣象局的紅外線雲圖，可很清楚看到每年夏季必來造訪的「颱風」，每在電視氣象常見的圖像，「颱風」皆呈逆時針方向旋轉，可能會有很多人不知道是何原因，這就是看不見的「科氏力」所造成的。

上述「傅科擺實驗」、「海洋海流」、「熱帶氣旋」等還有更多的，皆受「科氏力」影響，產生向右偏轉的現象，這是屬現代地球科學的領域，很容易瞭解而不容置疑，完全是大自然所形成的自然現象。此種自然現象與其說是受「科氏力」的影響，不如說是星體運行，地球自西向東自轉引力牽動之自然現象，顯得直接明確。星體運行自然產生之牽引力量，這股牽引力量是無形的，肉眼看不見，且佈滿整個地表之間，而無所不在。凡是地球上移動物質（北半球）均受「科氏力」的影響，而呈逆時針的旋轉。

台灣孕育發展出來的風水學「長眼法」，從實地的觀察與驗證，所得出的原則與方法，雖具有其有效性，但未具有其必然性，也就是「長眼法」只知其然，而不知所以然，雖有實務經驗，而沒有理論上的依據，在科學時代很難令人信服。「長眼法」自始傳至筆者，學人皆未能發現地理形勢「龍過堂」的必然性，其原由之所在，亦即其理論依據為何？說不出一個所以然，現今的地球科學「科氏力」恰恰足以詮釋「長眼法」「龍過堂」之原由。筆者將「科氏力」引為「長眼法」的理論依據，這樣「長眼法」的整體架構就完備了，並且具備了現代科學的要件，有理論、有方法、有驗證、有結論，這樣就成為一門具有科學精神的現代風水學。風水學界論述風水，未曾有過引據科學理論，說明與支持其所秉之風水方法，「長眼法」至此為風水學界突出重圍，打破風水迷信的困境疑惑。

第四章

長眼法的形勢

古人「在天有象，仰觀天象；在地成形，俯察地理」的思想，認為天象影響地理，地理是天象表徵，天與地相通，天地合一的思維。經由現代科學觀察與實驗，得以暸解所處之地球，自轉慣性引力在北半球產生偏右轉氣旋，將天與地銜接起來，牽動地面一切事物，而無不受其影響。筆者受教於「長眼法」，潛思冥悟，明白地球自轉而引動的自然右轉氣旋，力量巨大無比，而無所不在，無法抗拒，必須從而順之，故順乎天道，則地道呼應。進而觀察地理，善用地形，以求趨吉避凶，這是不變的原則。

「長眼法」雖有師道的傳授，但欠缺理論依據，筆者引「科氏力」做為「長眼法」的理論依據，希望在師道承襲中，愈發精蘊，將「長眼法」推向更高的層次，使「長眼法」更具完整性。這是師道傳承最具意義而重大的使命，使師道師門得以發揚光大，這是後繼者不可不有的責任。

「長眼法」有了理論依據之後，建構風水學的完備性，並賦予現代的科學精神。往後在解釋「長眼法」基本的地理形勢，不但「知其然，更知所以然」，我們更具信心，更有保握，告知所有學習風水的莘莘孺子，我們明白天道：「大自然現象」，則以「長眼法」的「龍過堂」地道來順應，就是名副其實的「順乎天道」。

第一節　龍過堂

「龍過堂」是「長眼法」最基本也是最重要的風水格局，要談「長眼法」的地理形勢，首先要從「龍過堂」開始。能夠確實認識「龍過堂」，才能進入現今最熱門風水學「長眼法」的門檻，否則，仍是個門外漢，永遠無法進入「長眼法」的奧堂。「長眼法」雖然沒有深邃的理論，可是要在現場真正分辨形勢格局，是件非常不簡單的事。

所謂「龍過堂」就是在祖墳陰宅的墓碑位置為中心點，生人居住陽宅大門的中心點，以這個點為基準點，在左手邊的部分就稱為左龍邊，在右手邊的部分就叫做右虎邊。左龍邊的砂手或建築物體，左環繞超越基準點，且將右虎邊抱於內，形成左龍長右虎短而有個缺口的圓形體。如（圖十一）所示。

（圖十一）圖是祖墳陰宅「龍過堂」形勢，陰宅的基準點就是墓碑的中心，左龍邊的砂手環繞超過墓碑中心，即過了墓碑正前方的明堂，就是「龍過堂」。而右虎邊較短且被左龍抱於內，左龍砂要比右虎砂高，於中心點的右前方形成一個缺口，整體而言是個圓形的地理形勢。

（圖十二）以右邊道路左數第一、二戶（箭頭所指）陽宅為例，右虎邊第一戶房屋，接著臨道路。表示右虎邊短，左龍邊連接四戶房

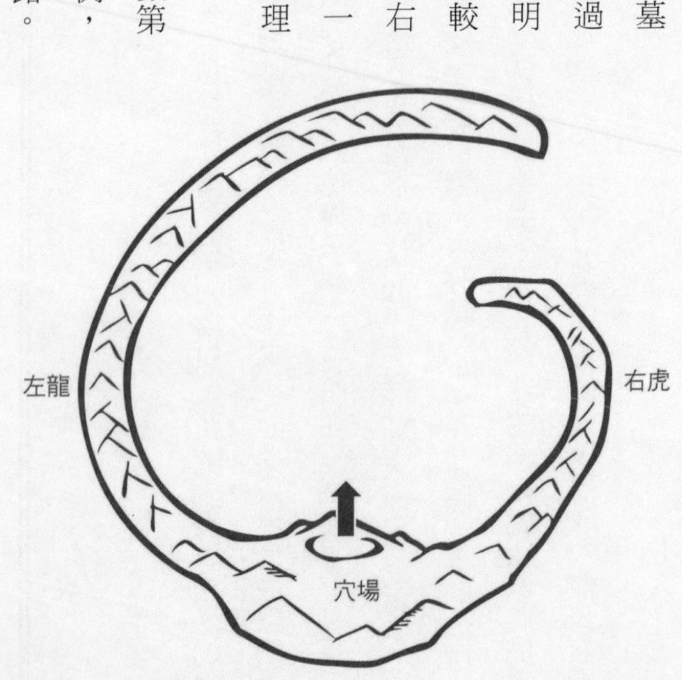

（圖十一）：陰宅龍過堂

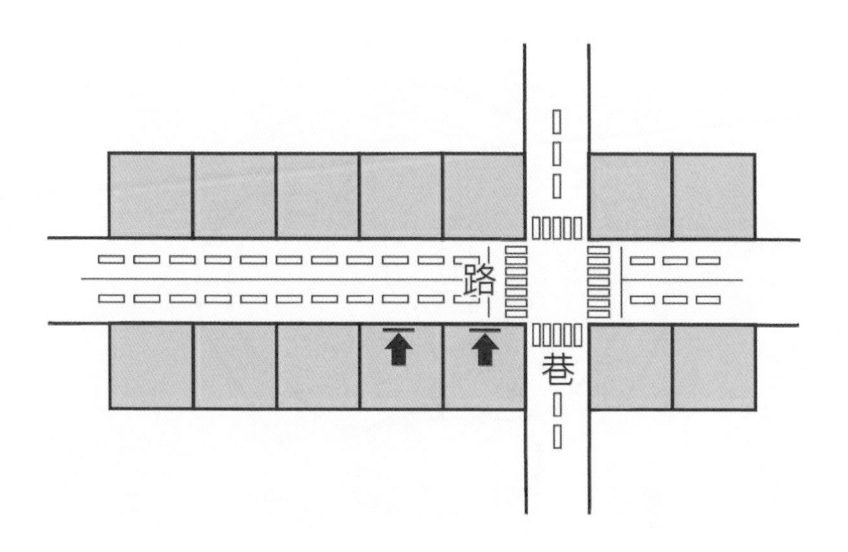

（圖十二）：陽宅龍過堂

（圖十三）：陽宅龍過堂實景

（圖十四）：龍過堂凝氣

屋；第二戶房屋，右虎邊有一戶，左龍邊連接三戶；第一及第二戶房屋而言，左右相較顯然左龍邊長右虎短。而對面的房屋也是一排相對著，從第一、二戶門前看對面房屋超過大門，而十字路口形成一個缺口，這樣的陽宅形勢左龍邊長右虎邊短，且左龍環抱右虎，這樣的形勢就叫做陽宅「龍過堂」。而（圖十三）房屋的前堂，左龍邊房屋抱過門口，右虎邊房屋短且被抱於左龍，即是「龍過堂」的形勢。

從上兩個圖例可瞭解，陰陽兩宅的「龍過堂」，左龍邊高而長且環繞過正前堂，右虎邊低而短且被左龍環抱於內，因而形成一個缺口，這個左右環抱的圓形地形，就是「長眼法」基本地理形勢。「長眼法」風水的地理形勢，為何需要「龍過堂」，過去不知其所以然。現在已經完全明白原因了。左右環抱圓形的缺口，是用來迎接地球自轉自然形成的右旋氣，能順利的納入，且由於較高的左龍環抱較低的右虎，圍衛右旋氣凝聚於明堂，使之不會離散，這是「龍過堂」的作用，也是晉朝郭璞《葬書》所示：「聚之使不散，行之使有止」的目的。

從（圖十四）可以更瞭解，「長眼法」的「龍過堂」，是為了要與我們居住的地球大自然現象接合，使偏右氣旋能夠順利引入明堂，並因左龍環抱過明堂，又有右虎圍衛，氣旋則因左龍環抱，使堂氣得以凝聚而不散去。又由於堂前「龍過堂」形局，亦使行走中的地脈龍氣，因而得以停息止住，故知「龍過堂」形勢，可納風而凝聚，可止氣而乘之，正是所謂「藏風納氣」之者也。

第二節 明堂

「傳統風水」論述地理形勢，歷代有精闢的論述，而總不外乎龍、穴、砂、水、向以及朝、案的闡釋，但對於兩宅前明堂的論說相對的較少，既使有涉及也每每未能盡義，故在明堂這一環節顯有不夠細膩。而「長眼法」正好在「明堂」部分，提升到僅次於「龍過堂」的重要性，因為立體型態的「龍過堂」用以圍衛護氣，仍需要有個條件配合，那就還需要有個好的「明堂」方足以盡其功，完全發揮妙用。

「長眼法」所謂好的「明堂」，仔細的推敲實有異於「傳統風水」，不入「長眼法」門內真的不知道「明堂」的重要性，也無法領會什麼才叫真正的「明堂」。「龍過堂」形勢還需要有個平坦的「明堂」來搭配，平坦叫做「吐唇」，「龍過堂」雖已經納入右旋氣並予圍衛，若無平坦的「吐唇」，無以儲納堂氣，同時還需具橢圓淺碟形，而且近

（圖十五）：陰宅明堂

低遠微高的形態，這叫做「兜收」。「兜收」才能將明堂儲納的堂氣引到穴前，堂氣才真正入到穴內。簡單說就是「明堂」要有「吐唇」且「兜收」，這樣「龍過堂」所納的右旋氣，才能引到門口止蓄而不散走。倘若遇到下雨，「吐唇兜收」的形勢，也順勢將水引入門口，水才算入喉，水不能入喉，水就起不了作用。具備這樣的「明堂」形勢，才是「長眼法」所謂好的、真正的「明堂」。如此的論述實是「傳統風水」所不及，這樣的「明堂」對陰陽兩宅攸關禍福實在重大，不可不知更不能輕忽。

（圖十六）：陽宅明堂

（圖十七）：美國史丹福大學大門前明堂

從（圖十五）中可以看到這座祖墳陰宅，有「兜池」有「明堂」。「兜池」內前微高後微低，「明堂」平坦而與「兜池」齊高，「明堂」沒有低陷的情形，這樣「明堂」符合「長眼法」形勢。

（圖十六）是台北市世貿展覽館及世貿大樓共用的「明堂」，可以看見平坦而寬廣的「明堂」，這樣的「明堂」形勢甚為稀少，實在難得一見。

（圖十七）是美國舊金山名校史丹福大學大門前的「明堂」是橢圓淺碟型，實在稀有難得。以「長眼法」的觀點史丹福大學之所以負有盛名，培養很多人才而且

（圖十八）：明堂面臨山谷

高學費，實拜這個橢圓淺碟型的「明堂」所賜，「明堂」像個聚寶盆，招財納福之最也。

「長眼法」的明堂，不可以傾斜，或者低陷，甚至面臨山谷，明堂面臨山谷，「長眼法」最忌諱，絕不可以面對。但在山坡地建造的房子，大多數人喜歡居高臨下，可以遠眺風景，列為首選，殊不知居高臨下，明堂必定面臨山谷，就犯了「長眼法」的大忌。

（圖十八）是從屋前庭院圍籬處拍攝，房屋位在山坡上，宅前面臨山谷，由於處在相對高點，故山谷顯得甚為深邃，明堂面臨懸崖。

第三節 虎過堂

「長眼法」的左龍右虎環抱交鎖，環抱交鎖的型態分為兩種，第一種型態「龍過堂」，第二種型態「虎過堂」。「虎過堂」的形勢恰與「龍過堂」相反。陰陽兩宅的中心為基準點，在基準點的左龍邊相較於右虎邊低短，右虎邊環繞過宅前，且環抱左龍邊而形成一個缺口的圓形地理形勢。「虎過堂」龍虎環抱交鎖的缺口在宅基準點的左前方，「龍過堂」龍虎環抱交鎖的缺口在宅基

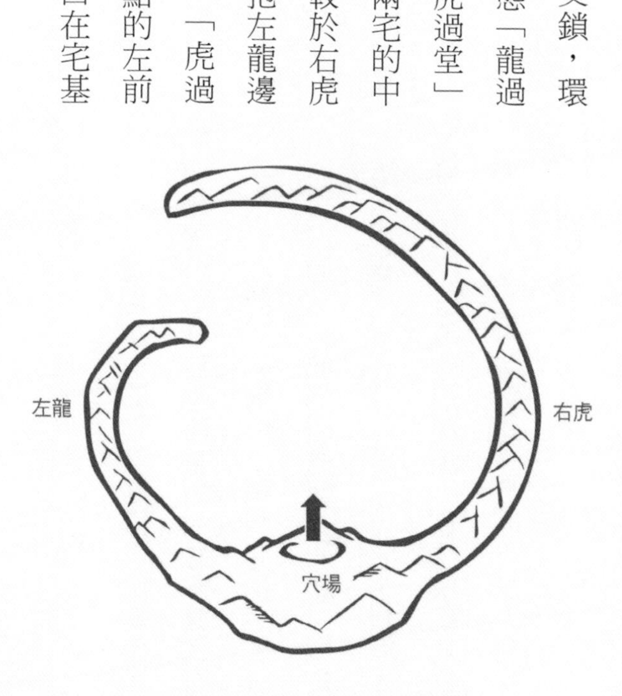

（圖十九）：陰宅虎過堂

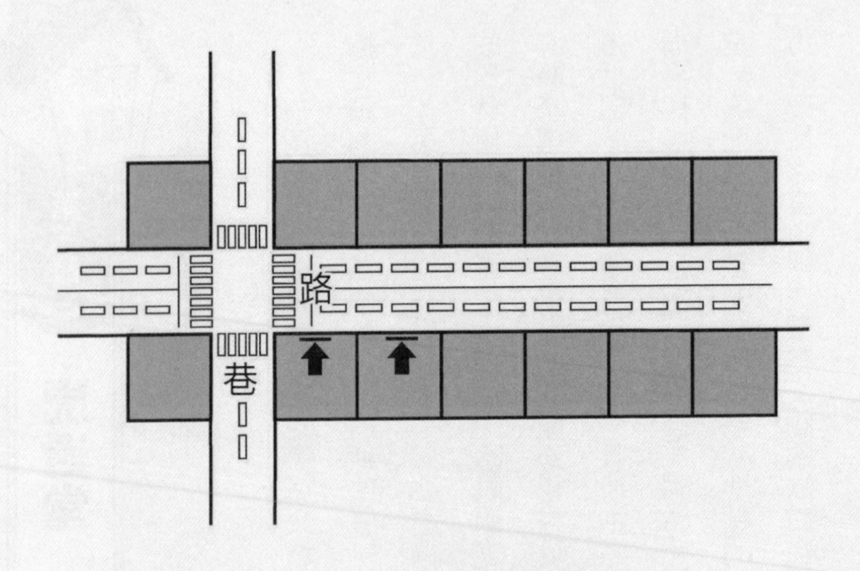

（圖二十）：陽宅虎過堂

準點的右前方，兩者正好相反。

「龍過堂」的形勢前節已討論過，主要是配合地球自轉所牽引的右旋氣，而以龍抱虎右前方的缺口，順利迎納右旋氣。而「虎過堂」虎抱龍左前方的缺口，正背著右旋氣，以致右旋氣不能順利進入明堂，反將堂氣帶引而出，無法聚蓄堂氣，龍虎環抱本是圍衛護氣的，「虎過堂」反而成散氣的形勢。

由（圖十九）左龍邊短小低矮，右虎邊相對較高，環繞過前堂，且環抱左龍邊，在宅之中心點左前方形成一個環抱缺口，此形勢格局就是「虎過堂」。

（圖二十）有箭頭標示的房屋，左龍邊臨巷道，右虎邊有連棟房屋，而前面房屋正相對，以箭頭標示房屋而言，即是左龍短右虎長，且右虎環抱過前堂，宅之左前方形成一個缺口，此種形勢格局就是「虎過堂」的房屋。

（圖二十一）為「虎過堂」形勢，也是「傳統風水」所謂龍虎環抱層層交鎖的一種，屬於可關鎖堂氣之形勢，認定龍脈至此已停息，然依地球自轉慣性作用的原理，卻不能將堂氣圍衛，反因「虎過堂」格局，而散洩堂氣。故雖有龍虎交鎖形勢，「虎過堂」格

（圖二十一）：虎過堂散氣

局，應屬背離地球運行之自然現象。

從（圖二十一）說明，已經瞭解「虎過堂」的型態，與地球自轉所牽引自然右旋氣是背離的，違反大自然界現象，不能導致「藏風納氣」的作用，所以「虎過堂」形勢與「長眼法」的理論依據，「科氏力」不能契合的，也就是違反了地球運行自然的右旋力。就陰陽兩宅的堂局而言，「虎過堂」是不蓄氣的，應屬一般風水上所指的空窩，或是虛花，意思指穴場不真，不能止氣納氣。

「長眼法」引用地球運轉的自然引力，做為論述風水形局的理論依據，就顯得單純簡單而直接了當，說出地理形勢的好壞吉凶，不需用一些虛幻而難解的辭彙，讓人傷透腦筋，名副其實濃厚的「本土」氣味，沒有巧飾矯情而慢於人，更沒有故弄玄虛以惑人。

風水學上講「四勢」是指四個方位，四個方位用很好聽的名詞稱呼，在宅的左邊稱為左青龍，右邊稱為右白虎，在前面稱前朱雀，在後方稱後玄武，這是學習風水首先要認識的。「長眼法」沒有用這樣文雅的名詞，很簡單的說：「龍邊、虎邊，面前堂、後靠山」。「長眼法」對龍邊、虎邊的看法，不像「傳統風水」那樣的含糊，只注重龍虎環抱與層層交鎖，並不太重視龍邊、虎邊的高低與強弱，甚至與穴場遠近關係。

「長眼法」對於龍虎邊是有要求的，為了要順應地球運轉的右旋力，除了要有「龍過堂」形勢外，對於「龍過堂」的龍邊與虎邊要求，龍邊要相對的比虎邊高，龍邊較虎邊高表示龍較強，而虎邊相對要比龍邊低表示虎較弱，是謂「龍強虎弱」。以陽宅言，龍邊連接的房屋長於虎邊，龍長虎短也表示「龍強虎弱」。「龍強虎弱」為第一個要求。

再者，護穴的龍虎邊，龍邊離穴要比虎邊近，亦即挨靠龍邊遠離虎邊，「親龍離虎」為第二個要求。龍強則氣旺，虎弱則氣微，當要親近氣旺的龍邊。又「長眼法」主張龍邊象徵男性，虎邊象徵女性，「龍男虎女」是「長眼法」所賦予之意義。加上中國傳統觀念男主外，女主內，穴心挨近旺龍，則男性得助，如龍之飛天潛海，在外如生龍之活躍，幹勁十足。遠離弱虎，虎自無威，女性溫柔，順從男性，男陽剛女陰柔，為天地陰陽之道。又因龍環抱虎，圍衛護氣，是則男女和合，永不越矩。

若虎邊高強龍邊低弱，則女性剛強而男性柔弱，與男女之本性有違，男女之秉賦顛倒，所以龍邊形勢比虎邊的要較強。也因龍邊高強才能環繞過前堂，形成「龍過堂」的形勢，配合大自然現象，進而得以圍護右旋氣不離散，非常順理。若虎邊高強又環抱過堂，「虎過堂」的形勢，反因不能圍衛護氣，而成為散氣的根源，男女關係因而女強男弱，終會導致男女失和而離異。

在山區的陰宅，面前堂的左龍右虎環抱，有時不是只有一層，有可能兩層或多層，也就是層層環抱交鎖的形勢，如何界定「龍過堂」或「虎過堂」，前已論及「長眼法」

勘察形勢，需先近而後遠的原則，基於此原則當然就最近穴場一層，察看「龍過堂」或「虎過堂」即可，不必往外層層推敲，因為多層的龍虎交替互抱，有時「龍過堂」，有時「虎過堂」，故僅依據最內層的形勢研判即可。

第五節 案山與貴山

「長眼法」除了講究龍抱虎的「龍過堂」外，還需要龍虎環抱之內，明堂的外沿有個「案山」，這樣才算是個完整的堂局。在「傳統風水」也有講到案山與朝山，近的叫案山，遠的叫朝山，即遠朝近案的意思。「長眼法」的案山與傳統的說法相似，沒有太大的差別。

「案山」（請參閱圖二十二及二十二之一）就是左龍邊與右虎邊環抱內的明堂，一個平齊方整的低丘，橫列在堂前，高不過額頭，低不下胸口，微彎面向墓碑，狀似中醫師把脈用的手枕墊，有的形狀像毛筆的筆架，有人直接叫做筆架山。中醫用的手枕墊，現在西醫也拿來抽血時做為墊手之用。中醫的手枕墊及毛筆的筆架，這兩樣物品都是古時候讀書人的用具，而在風水學拿來比喻案山的形狀，除了借用其外型外，尚具有實質

（圖二十二之一）：案山

（圖二十二）：案山

上的意義。古時候讀書人心懷大志，有的赴京趕考為官，有的選擇行醫濟世。所以風水學上的案山，不但取其外相，更取其實質意義，明堂前的案山象徵學士官貴，文章府庫，所以陰陽兩宅前的案山，就顯得重要了。

「案山」高度不過額頭，又在龍虎砂內，距離穴場或大門要近，親近貼切，顧盼照穴，才能為穴所用，有句話說：「垂手可得」，是形容案山要近，所以才說近案。至於在案山外特來朝的山，由於距離穴場較遠，就叫做「朝山」，這是一般的稱法，與案山相對較遠，是所謂「近案遠朝」。而在「長眼法」給它另外名字叫做「貴山」，從遠處特地來朝的山，有其特別的用意，是來照穴顯示貴氣的，所以「長眼法」直接地叫做「貴山」，也稱為「王山」。

「長眼法」所指的「貴山」不是只限在前堂，凡出現在四勢之方的皆是。「長眼法」的「貴山」要講究形狀，「貴山」分為兩種。由遠處特來朝對，高聳端正而有威勢者（請參閱圖二十三及二十三之一），另一是低矮撫媚而清秀者，兩者所象徵的意義不同。高聳端正是主應男貴，低矮清秀是主應女貴，高低有分，象徵有別。

（圖二十三）：俊秀貴山

（圖二十三之一）：豐圓貴山

第六節 後龍山

「後龍山」有時也叫「後靠山」，是「長眼法」的稱名。「傳統風水」稱為「玄武山」。「玄武山」是結穴的山，亦即父母山下發脈處，稟受父母來氣之山。父母山之後為龍脈的出身處叫做少祖山。不管龍脈從太祖山而下，經遠祖山到太宗山，再下至少祖山，最後至父母山，這其間龍脈的盤旋轉折行度，經過五里十里甚至百里，龍脈發祖越遠越好，表示綿延悠長，龍脈旺盛，福力雄厚，不過堪察來龍最重要的是，從少祖山至結穴這一段，山龍至少祖山即將束氣過峽，在峽中辨來龍清純或駁雜，父母山將結穴場，再細審玄武山的穴情，關係重大，所以審龍察氣皆在此段，這是「傳統風水」對於尋龍的概念。

「長眼法」所指的「後龍山」，是指父母山下脈至玄武山這一段，尤是穴場之玄武頂，即是「後龍山」（請參閱圖二十四）。而在陽宅方面，仍舊需要有「後龍山」。陽宅的正後方，稱為「後靠山」。陰陽兩宅的「後靠山」為四勢重要一環，就整體地理形勢而言，有「後靠山」四勢完整，才能形成一個圓體。因此，「後靠山」不可以低平或懸空，在陽宅即不可以空曠沒有建物，尤其不可以後靠低陷，甚至後座臨山谷，建築在山坡地的房子，最容易犯了「後靠山」懸空的毛病。在形勢上雖有龍邊、虎邊，明堂，以及龍過堂格局，如缺少「後靠山」仍然有欠缺的，不是個四勢完整的地理形勢。

（圖二十四）：陰宅後龍山

第五章 長眼法的應用

「長眼法」是完全依據地理形勢，來做為趨吉避凶的研判。前已談到地理形勢，但是只就最基本的，沒有談到其變化出來的形勢，在本章將要談到形勢格局的應用，因此會涉及到一些變形的風水格局。

第一節　龍過堂與虎過堂的意義

「龍過堂」是「長眼法」最基本也是最重要的地理形勢，「龍過堂」是因左龍環抱右虎，左龍長右虎短交鎖環抱所形成一個在右前方的缺口，這個缺口正可迎接地球自轉所牽引的右旋氣，順利引到明堂，更由左龍高而環繞，使得堂氣停蓄在堂內，產生「藏風納氣」的作用。以「長眼法」的觀點，有形則必有意象，「龍過堂」象徵的意義，代表的是「和合」之意，是「和睦」之象。其之所以能導致「和合」，其因在「龍過堂」的地理形勢，「龍過堂」是建立在地球運轉自然現象上，龍邊環抱虎邊形成的右缺口，正是迎接地球運轉所牽引的右旋氣，由於左龍高環抱右虎使右旋氣入堂，圍衛凝結聚集於穴場，而龍穴所乘上揚之地氣，亦因「龍過堂」得以停息而不去，堂氣地氣交融匯集，風止氣凝，一團祥和之氣，蔭育祖先遺骸，先靈得安寧，則庇護子孫永得福祿，是祥和之氣使然，地理形勢之所成，不如說是順應自然地道之所得也。

「虎過堂」的地理形勢，是因虎邊環抱龍邊，右虎長左龍短交鎖所形成一個在左前方的缺口，這個缺口正背著地球運轉所牽引的右旋氣，無法順利將氣引入明堂，也由於右虎高而環抱左龍，無法迎納右旋氣，反將堂氣及地氣由左前缺口帶引出去，形成散氣的明堂，無法產生「藏風納氣」的作用。以「長眼法」的觀點，有形則必有意象，「虎過堂」象徵的意義，代表的是「不和」之意，是「離散」之象。以因「虎過堂」形局，無以圍衛護氣，堂氣不得凝聚，地氣遇風散走，堂氣地氣不融結，穴場無氣而寒，祖先遺骸受寒氣之浸淫，祖靈不安，無以庇蔭子孫，則福祿不貞。此因「虎過堂」地理形勢，背離地球運轉自然之地道使然也。

以上「龍過堂」與「虎過堂」的原理與原則，完全適用於陽宅，與陰宅沒有兩樣。地表上的地理形勢，山川河水所構成的地理形局，不論陰宅、陽宅，皆受地球運行慣性作用所牽引右旋氣的影響。然而世上的生人，不能沒有陽宅，更不能離開陽宅，陽宅的「風」與「水」，當然受到偏右旋力的牽動，由於所處陽宅堂局「龍過堂」與「虎過堂」

有別，福祿貞祥與災難凶禍，當然異樣。

人生在世有兩種觀念，一者「憑據學術涵養與任事態度」來成就功業。二者「人生在世一切皆由命，半點不由人」。前者是人定勝天，一切靠努力；後者歸究命運，是宿命者。人定勝天，是後天的說法；宿命論者，是先天的說法。先天是指前世因，今世接受果報；後天是指今世的一切，完全靠努力。有一個較為折中的說法，先天與後天是銜接不可切割的，而先天與後天銜接當中，有一個變項就是「緣」，這個變項會改變努力的成果。就像種瓜得瓜，種子是前因，得瓜是成果，種瓜得瓜的過程中，少不了土壤、水分、陽光、肥料與人工照料，這些變項是「緣」，「緣」好瓜就好，「緣」不好瓜就不好；同樣的道理，靠後天努力者，也要有個好「緣」，成就會增大，沒有好「緣」成就會無形的折損。這個變項的「緣」，站在地理風水的角度，就是陰陽兩宅。這也是自古以來，為人所樂道的風水之所以存在的理由。能掌握真正的陰陽兩宅，就掌握了變項的「緣」，也就是可以操作與控管的，有了好的陰、陽兩宅，就能改變「緣」的條件，因而扭轉運勢，豐碩果實，亦即增大了努力的成效。

人的一生在社會工作黃金時期，大約三十年到三十五年之間，在這努力工作拼命追求理想階段，為了不虛晃命光，加強努力的有效性，應該想辦法擁有好的陰陽兩宅，倘若祖墳陰宅不容易改造，至少所居住的陽宅，應該是一戶好的房子，協助成功的果實增大。所謂好的房子，就是符合「龍過堂」地理形勢的房子。

第二節 明堂的作用

「長眼法」極為重視堂局，堂局首要在「龍過堂」，次要在「明堂」。「明堂」的地理形勢已在前章談過。強調陰陽兩宅要有個明堂，明堂是指兩宅前平坦的空地，這平坦空地「長眼法」稱為「吐唇」，一般叫做「明堂」。「吐唇」稱法比較道地，也比較傳神，就像人的下巴，而且要有戽斗（指下巴長而微蹺），叫做「兜收」。「吐唇」與「兜收」是「明堂」應具備的必要條件。

陰陽兩宅皆要有「吐唇」的「明堂」，不是廣闊無阻塞、視野良好就是個好「明堂」。在「龍過堂」的堂局內，尚需有平坦空地，這作用在使入堂的氣旋，得以凝聚堂前而不去，又因「兜收」進而得引至穴前，以與地氣交匯融合。「明堂」有「吐唇」與「兜收」的形勢，除有引氣入穴的作用外，尚另有一個重要的作用，就是可引面前水（堂水）入口，水能入口才算真正的喝到水，即是一般人所謂「水入喉」。「長眼法」主張「明堂」代表財位，象徵財富。有「吐唇」與「兜收」，才能真正引水入喉，才算喝到水。又因水主財，水能入喉，才是個真正得財的「明堂」。

「長眼法」強調陰陽兩宅求財的方法，要注重「明堂」，要在「明堂」下手，沒有具備「吐唇」與「兜收」的明堂，要以陰陽兩宅的手段，達到求財的目的那是不可能的，別的也就不用說了。常常看到一些祖墳，山龍來脈悠遠，幾經轉折束氣，再起頂開帳落脈到頭結穴，也因穴場的「明堂」不見「吐唇」（連吐唇都沒有別說兜收）形勢，即使說是龍真穴的，如遇「明堂」形勢斜溜或面臨山谷，葬下不但求財不得，反成洩財的根源。古人說：「葬下十墳，九墳貧」。這句話是真的，因為時下的人不知兩宅求財是在「明堂」，尋龍點穴總愛在高處，偏愛「明堂」寬廣好視野，因而「明堂」「近案」盡在眼底，好個「明堂」呀！殊不知穴前是低陷或懸崖，求福未至禍先到，先來個洩盡家財而後再來個損人丁，不會跟你客氣，只能道個「山水好無情」，別再一廂情願的自我憐惜吧！

假使還不能認同「長眼法」對「明堂」這樣的主張，可以先就熟悉的親朋好友，暗地觀察他家祖墳，「明堂」斜溜或山谷，或是雜草叢生，「明堂」蔽塞，哪家有個好財運？所以古人有說：「若不信，但看三尺覆土」其道理就在此。所以「長眼法」可以正告世人，兩宅求財在「明堂」，別的就不要亂說了，都是一些枝節上巧立名堂而已，起不了什麼大作用。若有人不明道理，堅持成見，怪誕不經，隨便唬弄，只能套一句現在流行語：「理盲又濫情」。

求財除「明堂」要有「兜收」的形勢外，還要看「明堂」的大小，「明堂」大，就是「吐唇」長，「吐唇」長，財就發得大；「明堂」小，也就是「吐唇」短，「吐唇」短，財就發得小。所以「吐唇」長且「兜收」，發的財就夠大，「吐唇」短雖「兜收」，發的財是小財，是故「明堂」是求財真正關竅所在。

第三節

龍邊虎邊的特性

在「傳統風水」裡龍虎砂，是用來衛護穴場的，還用來接納小明堂，是圍衛護氣的作用。但「長眼法」對於龍邊、虎邊，除了衛護堂氣作用外，「長眼法」還給龍邊、虎邊下了一個與眾不同的定義：「界定龍邊象徵男性，代表宅主或長男。虎邊象徵女性，代表女主人；龍邊主男，虎邊主女。」「長眼法」以形勢為依據，而「龍過堂」是龍邊高而環繞過前堂，虎邊短矮而被龍邊所抱，依此形局而論，龍邊主男人氣質旺盛，虎邊主女人溫柔有情，男情女願，陰陽協調，男女和合，所以「龍過堂」龍邊、虎邊的形勢搭配，是導致男女合和的主因。龍邊、虎邊形勢搭配，龍邊在外代表男人主外，虎邊在內代表女人主內，也象徵男陽剛，女順從的關係。「長眼法」對龍邊、虎邊的定義，符合了中國自古以來的倫理傳統，男主外，女主內，夫婦有別。夫在外從事工作，擔任經濟來源，婦在內持家，教育兒女，各有所司，裡外搭配合作無間，這就是「和合」、「和睦」的表象。

「長眼法」對於龍邊、虎邊，又有另一層的定義：「龍邊、虎邊象徵壽命。」性命壽考，關鍵在龍虎邊。「長眼法」之所以主張龍邊要高要長，則因龍邊高長象徵壽命長。這個定義非常重要，絕不可漠視，因龍邊代表宅主或長男，要使宅主或長男壽命綿延，宅主與長男是一家的主幹，不得不重視陰陽兩宅的龍邊，龍邊低陷難得長壽。近來的家庭，單生一胎的很多，當作寶貝，除小心照料外，應該注意陰陽兩宅的龍邊是否低陷，這是很重要的事。

「長眼法」對於龍邊、虎邊，還有第三個意涵：「代表行動力，象徵意志力。」龍邊高強象徵宅主或長男意志力強盛，志氣堅定不移，對自己有自信，因而勇於任事，態度積極，效力顯著。龍邊強則男性具有這樣特性，虎邊強則女性同樣具備上述特質。反之，龍邊低弱，則男性意志力薄弱，態度消極不能勇於任事，得過且過，難有成就。

龍邊、虎邊由上述三項的定義，因此凡要選擇宅第居住，不能不明白龍邊、虎邊的特性。若虎邊強龍邊弱，女性具有龍強男人的特性，夫婦的關係則女凌駕於男，女主決定權，一切由婦主導，甚至在外任事成就亦勝於男，這種男女異位，皆因虎邊強的地理形勢所導致。很遺憾這樣的夫婦關係，很容演變成夫妻失和，最後導致離異。

龍邊、虎邊的特性，對於陽宅同樣適用。單就陽宅來說，「長眼法」有一種叫做「沒有龍邊厝」，所謂「沒有龍邊厝」是指陽宅龍邊沒有任何建物，是一片空地，或是一片低田。由前述已知龍邊代表男宅主或長男，沒有龍邊厝表示男主人氣勢薄弱，得不到地理形勢之助，象徵男主人外緣不好，得不到貴人相助，難有成就，甚至會嗜酒、豪賭、貪色，三者必會染上其中之一，最後賠上身體。如果左龍邊遇有凹陷或臨山谷，男宅主則短命不長壽。還有一種叫做「龍邊帶路」的房子。所謂「龍邊帶路」就是陽宅的左邊臨巷道或馬路，過去巷道尚有房屋，或者有其他物體。「龍邊帶路」表示龍邊被巷道截斷了，變成「虎過堂」格局。「虎過堂已是個離散的象徵，加上龍邊被巷道截斷，形勢更為險惡，這象徵男宅主會發生外遇，演變成夫妻失和，引發爭訟，嚴重還會夫妻對簿公堂，導致夫妻離異。或男主人出走另築愛巢，造成家庭破碎。都是因「龍邊帶路」形勢所造成。

第四節 後靠山的象徵

「傳統風水」學對於四勢描述有句簡單的話：「前有照，左右有抱，後有靠。」「後有靠」就是「後靠山」。「後靠山」顧名思義，後靠是後座，依靠的意思，後座要有支撐，才得以做為依靠，而後援不斷，源源而來，立於穩定不墜的姿態。如果沒有具備來脈綿長俊秀有力的「後靠山」，想登大位，都會因後援不繼，僅差臨門一腳，而功虧一簣，令人扼腕可惜。

「後靠山」在「長眼法」的形勢上，是很重要的一環。「長眼法」認為「後靠山」代表人丁，象徵後代子嗣。所以這一家族人丁是否興旺，要察看祖墳有沒有「後靠山」，或者強不強。這個「人丁」在中國人的觀念指的是男孩子，女孩子不算在內。或許現代人觀念開放了，男孩、女孩都一樣沒什麼差別。其實家有恆產或大事業家，沒有男丁繼承，壓根兒在心裡上總有些許遺憾。

「後靠山」在形象上看起來是人丁子嗣，承續綿延不斷。若再延伸以推，隱含有「後援、支持」之意，這是一種無形的力量，在某一重要關鍵時刻會顯現出來。有如事業家面臨局勢大變動時，原本的後援與支持並不縮手，能夠在頽勢困境中度過；又有如欲登大位的人，在劇烈競爭中，能夠脫穎而出，都是要藉助祖墳「後靠山」無形力量的支撐，才得以完成。這不外是有形即有象的道理，何奇之有？筆者曾見兩位競選大位的人，因祖墳「後靠山」軟弱，兩次的機會皆因差臨門一腳，而功敗垂成。所以「長眼法」對「後靠山」極為重視。

長眼法的驗證

在之前談到「長眼法」的發源時，說明「長眼法」是從實地的驗證，經過實例累積而釐出的原則方法，現今從依據的理論到原則方法，再依其原則方法檢驗個案，是否也能導出同樣的結果，如是，這就是具備現代的科學實驗方法。有人說：「檢驗真理最好的方法是實踐」，本章節就實際舉出個案來印證，「長眼法」是否如其所言，依其簡單而易懂的方法，全憑地理形勢不需要八卦理氣，也同樣而更容易的看出陰陽兩宅的優劣善惡吉凶禍福。列舉下列二十個實例來印證。

第一節　龍過堂的金店面

不論是陰宅或陽宅，左龍邊基本要長要高，代表這宅子男人氣勢較強，才有利於男人的作為，得到地利的暗助，成功的機會就大。又有宅前的明堂為「龍過堂」的格局，代表宅子裡的人員，會有和睦的氣象。在這樣的氣氛環境裡互動的結果，當然是令人滿意的。

例如在台北市忠孝東路四段二六五巷內的「東區粉圓」店，在該店面的面前看，左邊接連一排店面厝很長，就是左龍邊長的形勢。又店前對街的店面相對著，到巷口止；而右虎邊臨巷道，代表右虎邊短，龍虎交鎖的缺口即是右邊巷口，這就是「龍過堂」的格局，完全符合「長眼法」原則。形勢條件已合，那就要檢驗店鋪的生意如何？

（圖二十五）東區粉圓店面

（圖二十五）這家「東區粉圓」，據瞭解原本不在店內，剛開始就租用現在店面前騎樓下的走廊一小塊，擺個攤子賣起粉圓冰，是最常見的路邊攤，所賣的冰品除了碎冰外，還有粉圓等多種隨客人喜好任選其中五種，一大碗一開始才賣三十元，經年累月的經營，生意漸漸好起來，遇上機會店面出空，就由走廊移到店內，這一移它的地理位置更適中了，客人也不用在騎樓下可以在店內享用冰品，生意越來越旺，人潮不斷，夏天賣冰品，冬天賣熱飲，一年四季生意照樣好，客人常常要排隊購買，但服務人員手腳很快，也不會讓客人久等。

「東區粉圓」右虎邊原本還有半間店面，過去才是右邊巷道，也因為客人來店常客滿沒有座位，機會又來了，右邊半間店間又出空，旋即被納入擴展為客座區，容納客人也多了，除了外帶的，一般客人來了總有個座位好好享受，雖然只是半間店面，對原本不大的空間助益很大了。「東區粉圓」從一碗三十元起，四十、五十、一直到現在七十元，營業時間從上午十一時到下午十一時三十分，客人常常滿座，一天可賣多少碗，連老闆都很難算出來。營業多年下來，荷包肯定賺得滿滿的，累積不少財富。

從地理形勢來分析，「東區粉圓」處在忠孝東路四段與仁愛路四段之間的巷子內，恰巧店面

（圖二十六）東區粉圓店龍邊

（圖二十七）東區粉圓店明堂

是整排連棟的房屋，店選在虎邊臨巷，因而龍邊就顯得相對的長，虎邊就相對的短。可從（圖二十六）來實際瞭解察看。

從（圖二十六）可看到龍邊連接房屋很長，而虎邊臨巷道，顯示店的龍邊長，虎邊短，符合「長眼法」龍邊長虎邊短的地理形勢。這間店面選的位置正確，難怪原本在騎樓下擺攤子，也會把生意做起來，可見擺路邊攤也不能隨便亂擺，也要選個好位置。

（圖二十七）東區粉圓店對面街房子連棟，從左來越過店大門口，直至巷口止，而虎邊臨巷，這明堂形勢即是「長眼法」

（圖二十八）店面虎邊臨巷道

所說的「龍過堂」格局。

（圖二十八）可看到店面的虎邊臨巷道，右邊巷道延伸到對面街，對面街屋繞過店大門，以東區粉圓店門口看，形成龍邊長虎邊短，「龍過堂」形勢的金店面格局。

這個符合「長眼法」的店面就在那裡，只要到現場一看清清楚楚，不會騙人也瞞不住人，令人看得對「長眼法」毫無疑問，實地檢驗會讓人信心充滿，印證了原理原則與實地現場完全吻合。甚至生意興隆的情況，可以實地臨場考察，真會發覺所言不虛。

第二節

明堂吐唇的財神爺

土地公神對一般人而言，都很熟悉很有親切感，做生意的或者開工廠的，都會看到他們虔誠的供奉土地公，目的是求保祐生意興隆，甚至每逢農曆初二、十六都會以水果、香燭祭拜，可見生意人非常尊敬土地公。

對於祖墳陰宅也都建有土地公的神位，一般的風水師對陰宅的土地公安置不是很注重，土地公守水口、土地公守墳塚、看兒孫等等的用意不一而足，皆可看到每個墳塚都安有土地公，好像是必要的配置，縱然安法各有不同，對墳墓而言，是不可或缺的。「長眼法」這一門派特別重視土地公，其他門派可能隨便安置，只是交差了事。

在台灣的村莊，莊頭或莊尾常見有土地公廟，有大有小形狀不一，是屬於公眾的，不屬於個人私有，因而自然而然成為這個村莊的守護神。有一個土地公廟不僅僅是地方

（圖二十九）竹山紫南宮

的守神而已，由於香火漸漸興旺，長期以來信眾的捐獻，累積到可觀的數目，儼然已成為一個小金庫。這就是現在聲名遠播的竹山「紫南宮」土地公廟。

（圖二十九）「紫南宮」位在南投縣竹山鎮社寮村大公街四十號，香火極為興旺，與新北市烘爐地的南山福德宮、屏東縣車城的福安宮，並稱為台灣三大土地公廟。紫南宮主殿空間僅四十坪左右，廟宇不大（請參閱圖二十九），但由於香客、信眾增加速度很快，地方政府為配合香客汽車停放需要，現在擴大到可容納兩千輛完全免費的停車場，可見香客之眾多，香火之鼎盛。紫南宮香火如此鼎盛，是由於行之已久的求借「發財金」（原叫福德金）而愈發聲名遠播，使四方信眾遠道而來，無形中成為一個旅遊的據點，為地方帶來觀光人潮。

根據廟方資料，原本求取「福德金」的意義，是因台灣光復初期，人民生活困苦，百業待舉，廟方以急難救助及扶助居民創業為主，開放當地社寮地區居民，向土地公求取「福德金」，因此，在民國五十年到民國六十六年期間，只在每年農曆正月十五、十六兩日求取，在金額上也少作限制，當時求取金額最高曾達四千元（約當時本地兩個多月的工資）。民國六十六年到民國七十年底重建完成期間，由於社區弟子求取福德金，在外地創業有成，吸引外地朋友向紫南宮求取的熱潮逐年增加。在此之前，外地信眾必須取得社寮區的居民作保，方可向土地公求取。直到民國七十二年成立第一屆「紫南宮管理委員會」，有鑑於當時廟方經費不足，無法應付眾多的求取，因而決定，「福德金」每人二百元為限，並聘請專職人員服務，開放長年求取「福德金」為民俗的文化活動，以配合土地公有求必應的慈悲心懷，讓來求的廣大信眾皆能獲土地公的庇祐，助人人達成心願。後來由於受到庇祐達成心願而回報金的累積，廟方的資金已充裕，到民

（圖三十）紫南宮求金還金服務中心

國七十六年第二屆管委會決定將「福德金」提高到現在的六百元。由於這項民俗活動熱絡，每年求取人數皆有百分之四十的增加，到民國八十七年增加達百分之百以上，為歷年之最高，總人數達到十二萬人之多。有的人因求取「福德金」獲庇祐而發大財者，回報「紫南宮」的酬謝金，近來有五位信眾高達六十餘萬元。

（圖三十）為服務中心，「紫南宮」本著保庇社區居民的願力，取之社會，用之社會的精神，據主任委員莊秋安先生說：「回饋金多半造福鄉里，鄉內兩所小學和一所國中，學費和營養午餐、課外輔導等費用全免，高中生只要拿註冊單，廟方就會給一萬元學雜費用，另外有四個里的老人送餐也由紫南宮全包了。」

只有四十餘坪大的「紫南宮」，目前有這樣多的信眾，出借「福德金」人次那麼多，廟後方又蓋了一間號稱五星級筍尖形的廁所，難道沒有要擴建的計畫嗎？莊主委說：「問過了，但土地公不肯，祂就喜歡低調。」「十多年前，土地公藉附身某位乩童指示：與其擴建花錢，不如把錢拿來做更多的善事。」莊主委說：「土地公低調是好事，就像男人嘛，不要風神（囂張），太風神的話引來有的沒的麻煩。」

「紫南宮」的土地公確實已經是真正的財神爺，每年支持那麼多人的發財夢，雖然沒有全部都發了財，但對於求取「福德金」的人，至少給予精神上的鼓勵，已產生某種程度的心裡影響，使信心無疑地增強許多，對每個人的心裡已實質起了穩定的作用。土地公寧願自己蹲在小廟裡，暗中為大眾祈福庇祐外，寧願省錢為鄉里做出更大的實質貢獻，也顯示出起了「不風神」的典範，教導世上的人，得意了別忘形，更要低調謙虛，才能長久安穩。

（圖三十一）紫南宮明堂前形勢

簡略介紹「紫南宮」，主要說明台灣有數不完大大小小的土地公廟，唯香火真正鼎盛的沒有幾家，而有如今日的「紫南宮」者更少之又少，筆者之所以提出來，是要以「長眼法」風水的觀點來看，「紫南宮」在地理形勢上有其特殊之處。一個好風水格局不在大或小，像「紫南宮」只有四十坪大，在廟宇來講是屬小的，若以土地公廟來衡量，是一般的很普通，也沒有什麼與眾不同，但在風水地理上，確有獨特的地方。「紫南宮」的地勢是「坐空朝滿」，即是廟的後方沒「後靠山」，是屬平坦的，而廟前相對是飽滿的，所以就叫做「坐空朝滿」（傳統風水使用的名詞）。也就因為地勢是坐空朝滿，又因廟前的明堂右前方入廟的來路特別長，形勢就向廟口傾斜，自然形成「長眼法」所謂的「吐唇」與「兜收」的形局（請參閱圖三十一），由於這樣的明堂形勢，雨水自然由外而內的引到廟口，即「水入喉」之意。水象徵財，所以說財水，財水要入門，不入門有何用？

（圖三十一）為紫南宮前堂，不僅是「吐唇」「兜收」形勢，還有一特點，即堂前因兩旁商家形成唯一入廟的道路，從廟的右虎邊來，信眾的車輛到廟前的戲台轉入停車場，這條車道站在廟口，可看見這條車道來路很長，也就是廟的明堂「吐唇」很長，這個長的「吐唇」將氣與水，引入明堂並蓄聚儲存在廟口，明堂局緊有力。「長眼法」明白指出，明堂主財，要以陰陽兩宅的方法求財，明堂的形勢必須要有「吐唇」「兜收」的堂局。像「紫南宮」這樣的明堂格局，才是真正的發財「明堂」，不僅速發而且發得大、發得久的「明堂」。

（圖三十二）之廟口前有「吐唇」「兜收」的明堂，加上廟的服務中心緊挨在龍邊，

（圖三十二）紫南宮龍過堂形勢

延伸過去也有建物，對面有一排平房搭建的商家，恰好形成左龍邊灣抱明堂，緊湊圍衛著明堂，形成「龍過堂」的堂局，所以「紫南宮」的前堂不僅「吐唇」「兜收」而且是「龍過堂」的格局。

陰陽兩宅論述財勢，要以「明堂」的形勢為依據，連非屬陰宅、陽宅的廟宇，也都不例外，可見形勢影響所有宅屋，以及屋內所居住的人，甚至連供奉在廟宇內木刻或泥塑的神像，仍然要受到地理形勢的影響。

第三節

平洋地的祖墳

談過陽宅的店舖、供奉神像的廟宇，想要有財勢皆需要有個好的明堂，而埋葬祖先骨骸的陰宅，更需要了。世間人每天汲汲營營求的福祿，即是升官發財。升官很不容易，先要取得官位才談到升官的機會，但可以把它擴大解釋，凡任職政府機關、私人公司團體的人，在職位上的調升，都可認為是升官的一種，那這樣牽涉的人就太多了，職位調升連帶薪水也會增加，發個小財，也是另類的升官發財。另有一部分從商的人，拼了老命就是為了要賺錢，甚至有人甘冒違法獲取不當利得。

之前，談到以陰陽兩宅求財正確的方法，宅前要有個好的明堂，現在就來舉個祖先墳墓的實例，進一步驗證。在台灣食品界有個老字號的知名品牌，他們家的祖墳就有個很寬敞平整圓淨的明堂（請參閱圖三十三）。這座祖墳是建造在平洋地，雖是平洋地但仔

（圖三十三）平洋地的祖墳

細看還是高低之形勢可辨。

（圖三十三）這座祖墳的後代子孫暫時予以保留不便公開，但是可以依其地理形勢，釋說其感應的實情，予以檢驗形勢與事實是否吻合。這座墳墓採取墓厝的造法，即在地面起造屋子，內設階梯式層級，每層可放置祖先的骨罈，依輩份高低擺放，輩份高放上，輩份低放下。骨罈都放置地面上，很像陽宅的用法，差別在裡面是祖先的骨骸，好處是後續可再放進去骨罈，容納較多先人的遺骸。從墳塚的造法，墓的後方培土堆高配合墓厝的高度，整個墓體顯得高於地面，左右的龍虎邊相對變低，尤其原本較低的左龍邊，就顯得更低，連帶後靠山也變弱了。

另右虎邊有一條略高的田埂，僅供人及機車行駛，而左龍邊是平平的下去（請參閱圖三十三），直到灌溉用的水渠，後坐是平滑的，接著橫走的低塹地形。整體而言，墓的虎邊較高（請參閱圖三十六），龍邊低平，顯現龍虎兩邊不均衡，後靠軟弱，前堂寬敞平整圓淨，是這座祖墳形勢大略描述。

墳墓的明堂，從（圖三十四）可以看到祖墳前的明堂，與墓體相較顯得非常大，平坦寬廣，地上綠草維護得整潔圓淨，

（圖三十四）明堂形勢

令人一眼就覺得這座祖墳的特點在於明堂，一點也沒錯，明堂最吸引人的目光。

一般來講祖墳都葬山區的山上，在平洋地的現在已經很少，除非南部早期葬在自家田地角落外，地小人多的台灣，不要說平地就連山地也都一地難求，因為土地稀少越來越貴，加上政府的禁葬，墓地就很難找了。在平洋地要找出一座有特點而且能產生作用的，實在很少。這座平洋地的墳墓，左右龍虎及明堂後靠的形勢前已說明，再就最具特色的明堂，詳為說明。明堂包含兩部分，一個是近墳墓前的兜池，一個是兜池外的明堂。兜池的形勢，內是微低，外是微高，不注意可能看不出來有兜收的形勢，下雨時水自然從外往內流入，兩旁設有出水孔，再埋設暗管引出。水象徵財，財水由外而入內，財入門的意思（請參閱圖三十四）。而兜池外的明堂，是一片寬敞而平坦的空地，地上種植韓國草皮，綠意盎然，看起來平整圓淨，而明堂外圍種有矮欉當作圍籬，把整個明堂圍起來，看似羅帷守住堂氣不使渙散，令氣與水停瀦蓄聚堂內，得「藏風納氣」。而明堂由於右虎邊田埂略高，堂內水自右向左自然流向左龍邊外的小溝渠。

這樣的明堂形勢就是「長眼法」所稱讚的好明堂格局，一般人都曉得水是主財，但

（圖三十五）低平的左龍邊

極少人知道明堂藏風納氣迎水的真正方法。世人愛財求財但不知求財的方法，像這座祖墳就是個發財的好例子。這座墳墓的後代有三兄弟，將父母及祖先的遺骸骨罈放置墓厝內，這三兄弟承襲父親的肉品行業，但父親經營的績效平凡沒有出色，後來長兄當兵回來就幫父親，等長兄接手之後，改變了父親經營方式，才有第一家門市的創設，專賣自產的肉品，後來就慢慢增加許多產品，滿足顧客的需求，也使門市的的店面陳品豐富化，這一嘗試效果甚佳，即如法炮製慢慢的展店直到遍布全省，儼然

（圖三十六）右虎邊略高形勢

形成一個連鎖行銷產業，可稱得上現在連鎖門市的先驅，在食品界打下了食品的王國，至今屹立不搖，還跨足建築行業，仍然經營得頗為成功。

從「長眼法」的角度看這座祖墳，有這樣的「明堂」形勢，所感應的就是「明堂」的財勢，局大發得大，局緊發得快，後代的三兄弟食品行業發展得很順利而穩定，這是明堂應驗的必然結果。但是已說過這座墳墓的特點就在「明堂」，因「明堂」大發財利而驟富。形勢好應驗就好，形勢不好也照樣應驗不好。這座墳墓也有其缺失，在平洋地論形，高一寸即是高，低一寸即是低，這座祖墳最大的缺點就是左龍低斜，完全沒有阻攔，直到臨田的溝渠。整體看來左龍邊顯得格外的弱（請參閱圖三十五），有形則有象，龍邊是屬大房房份位，因此龍邊低斜感應當然在長兄身上。長兄正忙於事業衝刺大展鴻圖的時候，正值壯年突然猝死，這對於三兄弟是不可承受之痛，因為事業的版圖全由長兄帶領所創下來的基業，帶頭而能幹的長兄突然而逝，這打擊實在太大了。這件事發生之後，有人向他們建議，低斜的龍邊應種樹木，彌補低斜的形勢，從（圖三十五）低平的左龍邊樹木已成林，濃蔭密布，稍可補強龍邊低斜形勢。

現在這家食品企業完全由二房掌控，三房則隨著時勢到中國大陸去發展。「長眼法」的房份位置，墓碑前明堂主一、二、三房，而以二房為主，所以企業終由二房掌控與地理形勢是完全吻合的，因為這座祖墳特點就在明堂，應驗絲毫不爽。

第四節 王永慶真正發跡的祖墳

被譽為「台灣經營之神」的王永慶先生，雖已於民國九十七年十月十五日逝世於美國紐澤西州，但他創造的龐大的事業體，仍然由子女繼承而為永續經營。他初創的主體公司福懋塑膠，是於民國四十三年七月獲得政府七十八萬八千美元的貸款，配合政府政策生產pvc塑膠粉，民國四十六年四月才開始生產，僅日產pvc四公噸起家，並將福懋塑膠更名為台灣塑膠公司。之後的陸續發展世人皆知就不需在此贅言，本文宗旨在

（圖三十七）王永慶祖父墳墓

論述「長眼法」風水，筆者認為王永慶先生發跡的祖墳，應屬於他祖父王添泉及祖母蘇好在新北市五股的墳墓。（請參閱圖三十七）王永慶祖父母墳墓。

王永慶的先祖來台第一代王天來，逝世後葬在新店猴子湖，第一代生了六房的兒子，王永慶的祖父王添泉屬第四房，王添泉這一房生了三男及一女，大房王東平，二房王長庚，三房王水源，女兒王幸。王永慶的父親王長庚是第二房，下來王長庚生了二男三女，當時很窮將三個女兒委由隣居代養。

（圖三十七之一）王添泉墓碑

筆者之所以認為王家發跡是由王添泉墳墓的作用，是因王添泉的墓建造於民國戊戌年（民國四十七年）（請參閱圖三十七之一）王添泉墓碑記載，與台灣塑膠公司創立時間

（圖三十八）墓前明堂水之（一）

（民國四十六年）相近而僅慢一年，此其一也。而有很多人認為發跡塚，應是新店猴仔湖第一代王天來的祖墳，若是，第二代的王添泉及第三代的王長庚，應不至於窮困，此其二也。

王永慶祖父王添泉的墓，所葬的位置選在五股觀音山的腳下，這個位置正是淡水河與基隆河匯流之處，匯流後做九十度的轉彎，朝淡水海口出海。墓座朝向大台北盆地，墓前明堂即是兩河匯流處，寬廣而平靜的水面，做為墓前兜池的外「明堂」，不僅精光照穴，更是懷抱兩河滙流，似是吞盡大台北盆地財水的氣勢（請參閱圖三十八）。同時地處大山大水交會，猶如山水陰陽大交媾，王添泉夫婦合葬墳塚，坐擁山水之精蘊而獨得其髓，此其三也。以上是筆者的見解，因而認定王永慶發跡塚應是其祖父母王添泉夫婦的墳墓。

王添泉夫婦墳除坐擁山水陰陽交媾重要之處，也吸納了淡水河與基隆河兩河交滙的水氣。從（圖三十八）墓前明堂水可以清楚看見左水為基隆河，右水為淡水河，兩河來到墓前匯合，形成囊聚形勢而停蓄的在堂前，水性本動而無形，依地理形勢而成形，前堂遠方盡處左龍右虎環抱而挹

（圖三十八之一）墓前明堂水（二）

攬在胸懷，猶似豪飲狼吞天上水之雄姿。這樣寬廣而平靜的水面，來做為實質的水明堂，實在難得一見。

（圖三十八）是在顯示兜池與水面的距離，是站在墓碑前拍攝，顯得水面與兜池還有點距離。

墓穴與明堂的形勢有兩種不同，一種明堂只有形勢而無實質的水，就像前節竹山紫南宮的前堂，只有「吐唇兜收」的形勢，下雨時才見雨水從外而入堂口。另一種是明堂有實質水蓄聚而停瀦不去。堂前有實質的水，必須要能入喉，有水不能入喉就喝不到，看得到喝不到的水起不了作用。堂前有水入不入喉，關鍵在哪裡？關鍵在兜池與水面的距離，遠就不入喉，近就能入喉。何謂遠與近？遠者即兜池與水面高低落差大，其間有一段較遠的距離。近者即穴前兜池與水面高低落差小，其間距離很短，甚至沒有距離而直接連到水面。有落差的就顯得明堂低陷，沒有落差的就表示明堂飽滿。「長眼法」一再的申明，明堂是主財，最忌明堂低陷，低陷就感應貧窮，所以即使堂前有水，也要看距離的遠近，不是見水即有財，那得要看水入不入喉，能不能喝得到水為定奪。

像王永慶的祖父母墳墓，穴前兜池與水面，尚有一段斜坡的實際距離，但從（圖三十八）中，看起來距離很短，這張照片是在墓碑前站著拍攝的；再看下（圖三十八之一），距離比前一張稍微拉近一點，這是坐在墓碑前案桌拍攝的，幾乎兜池要與水面相接；再往下看（圖三十八之二）兜池與水面已連接一起，這張是蹲下來在墓碑旁與碑平行所拍攝的。三張照片拍的位置不同，兜池距水面的距離就有遠近不同，遠近不僅代表水入不入喉，也象徵財發得快與慢。王添泉夫婦這座墳，從這兜池與水面連在一起的水明堂形勢，可用一句「寅葬卯發」凌晨五點葬下，下一個時辰七點就發了，來形容這堂水感應發財之快速。這不是神話而是事實，回頭過來看看，王永慶的台灣塑膠公司是民國四十六年四月建廠完成，開始生產 pvc 塑膠粉，每天才產出四公噸而已。而他的祖父母墓是在民國四十七年建造的，從此之後，王永慶、王永在兩兄弟，一路事業發達，如沖天火箭之神速，驟發而且鉅富，直到現今，仍然發得不退。這算一算，台塑企業從民國四十六年四月發跡到現在民國一〇三年止，已足足發了五十七個年頭，並且建立了台灣塑膠的王國，曾是台灣的首富。「長眼法」強調陰陽兩宅前的明堂，是求財致富的關鍵所在，這個實例正可充分的證明，信不信由你呀！

上（圖三十八之一）表示兜池與水面的距離，比前（圖三十八）距離略近一些，是坐在墓桌上拍攝的。

上（圖三十八之二）是蹲下與墓碑同高拍攝，可看出兜池與水面已沒有距離，堂水入喉了。兜池與水面連接，也表示明堂飽滿沒有低陷，水已入喉。

接著再提一下房份的問題，王永慶的祖父王添泉生有三男一女，王永慶的父親

（圖三十八之二）墓前明堂水（三）

王長庚是第二房，王長庚再生王永慶與王永在，和三個女兒。「長眼法」的分房方法與「傳統風水」不一樣，如王添泉墳墓之明堂，墓碑的正中位是二房位，王長庚正好是二房，而明堂水正由遠處而入兜池，故堂水的作用應驗在二房的王長庚的子孫，從房份來講也極為符合。據「商業週刊」的報導，王永慶的第二兒子王文祥在美國德州的 J-M 塑膠公司的基地，地底下蘊藏有豐富的頁岩油，可生產燃氣與石油，美國已有開發的技術，也已進行開採，而王文祥掌握這家 J-M 公司，每年都賺取一個資本額，由此趨勢來看王家發跡的都是有二數字的房份，這可以拭目以待，看其結果。

第五節　明堂低陷的祖墳

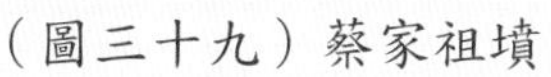
（圖三十九）蔡家祖墳

前幾節所舉的案例，都屬明堂「吐唇兜收」的堂局，反之，明堂低陷又該如何？現舉一實例來說明，用以比較分析，俾利更一步瞭解「長眼法」所言，低陷的明堂是否也真的影響財氣。

一位蔡姓的友人，他祖父的墳墓在台北市陽明山某處的墓園，是於民國丁未年（即民國五十六年）造葬（請參閱圖三十九）。他的父親輩有三兄弟，友人的父親是二房。這個墳墓至今已經有四十七年之久，吉凶禍福應該有所感

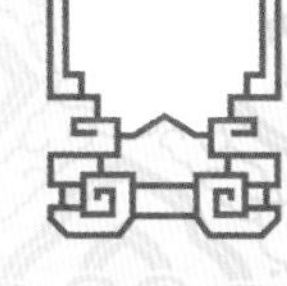

應了。

認識蔡友人應該有十多年了，也因為常有往來，有時候他會邀幾個朋友到家裡吃飯，跟他父母親也很熟悉，他父親好客也健談，因而知道他們家裡一些情況。友人是從事服裝事業，從德國進口女裝，在台灣各百貨公司設專櫃零售，這項事業在我認識之前已經從事很久了。約在民國九十八年六月間，邀約我去台北市陽明山，戡察他祖父、祖母的墳墓，他祖父、祖母的墳是分開的並沒有合葬。他祖母墳是騎在龍背上，前堂雖無明顯下溜，因大墳場前堂擁塞，後靠有人遷移墳墓留下兩個洞坑，左右龍虎低平未起圍抱護氣的作用，是個無蓄氣的墳墓。而他祖父墳是葬在較為陡的斜坡地，後靠依著陡坡，左龍右虎兩邊平平而下垂，明堂臨山谷（請參閱圖四十），山谷極為深邃，人立兜池前有一種臨高恐懼感，這樣有如懸崖的明堂，正是二房的房份位，主應在有二數的子孫身上。

友人的父親有三兄弟，他父親是二房，友人有兩兄弟，友人也是二房。明堂前有深谷的祖墳，當然應在友人及其父親身上。人總有個習慣，當面臨處境艱困不解時，或者遇到突如其來的大難，才會想到是否祖墳有什麼問題？

（圖四十）明堂低陷的墳墓

（圖三十九）為民國一〇三年（甲午）為蔡友人重修祖墳，將其祖母之骨罈遷來合葬。重修前友人帶筆者察看時，發現墓碑及拜桌的兩旁，有反潮現象，墓碑暗淡，顯然墳塚濕氣很重。

（圖四十）站在兜池可遙望台北市區，居高臨下，視野良好，未警覺明堂低陷面臨山谷之缺失。

友人民國九十八年六月間第一次邀約，看完祖父母墳之後，就已經跟他說明清楚了，他祖父墳明堂前低陷而且是山谷，依「長眼法」的原則，這是個會失財的形局，對你做生意有很不利影響，尤其是二房，而友人及他的父親都屬二房，你要特別小心，當時曾詢問可不可以改善？地理形勢已定，尤其明堂前臨山谷，人力無法改變，最好遷移。之後，未再提這件事。

時間又隔了四年之後，於民國一〇二年十月間某日，蔡友人又來電話，再次邀約前往戡察他祖父母墳，在電話中自動告訴說：「他已在祖父母墓前擲筊，同意將祖母的骨骸，遷移至祖父墳合葬。」筆者即在電話中回他：「你祖父母在世沒有學過風水，哪知怎樣才好，可能你心裡先有想法，他們只是順你的心意而已。」並告訴他：「正好相反，若單純要遷移一個的話，應該將祖父骨骸遷到祖母處，另行重新改造。」他一下子好像沒有接受的樣子，後來只好隨他的意思又去戡察一遍。依個人的經驗不論陰宅或陽宅，想要有所改變，主要因素在於主家，其一是，主家的決心夠不夠；其二是，對老師的信任度強不強。換句話說，就是想要改變現狀的意願強不強，強則可突破現狀，不強則受制於現狀，與老師沒有多大關係，老師是完全被動的。心想：「心多疑的人，沒有什麼好說的。」所以蔡友人第二次邀請戡察後一直沒有回音，如何決定。也就一如往常，隨順因緣。

蔡友人祖父墳，明堂臨山谷，會怎樣？依據友人親口告訴我：「他父母親住在台北市的內雙溪山居，住宅外還有一大片山坡地，老人家喜歡自己動手勞作，山坡地整平蓋了兩棟鷄舍，都自己來，還會操作小型的挖土機，曾經發生三次車禍，都是開挖土機不慎摔下來，身體有嚴重受傷，尤其第三次最嚴重，挖土機在山坡翻車，把骨盤給摔碎了。」

住進馬階醫院開刀治療，我曾去醫院探望，腹部插了幾根的鐵條，樣子有點嚇人。又說：「他幾年前從嘉義開車回台北，太太也坐在車內，剛好遇到下大雨，車在第一高速公路行駛，路面雨水一時宣洩不及，積了一大灘水，車子失控滑行甩尾，兩次碰撞中間分隔島的護欄，後輪胎爆了，底盤的三腳架也歪了，命危在瞬息，好在開的是德國進口車，沒有翻車，命保住了，不幸中的大幸。」這部進口車後來花幾十萬修好。父子倆都發生車禍，父親不外出，在家的山坡地，車禍照樣發生。

蔡友人進口服裝事業，沒有大賺至少小賺是不成問題的，他自己也坦言，每年是有小賺一點，但是約在民國九十八年間，也就是第一次邀我看祖墳那一年，他的財務調度爆出了大問題，銀行、親朋好友能借調的全部都借過，銀行利息連進口押滙的錢也付不出，已經無處可調了，身陷在大坑洞中，不得已轉向地下錢莊借錢應急，借錢較容易但利息很高，這時已急如熱鍋螞蟻，萬一開給地下錢的支票沒有兌現，他也知道地下錢逼起債來，可不比一般人那麼容易應付的。這時，貴人出現了，就是他一個蘇姓的朋友，因為之前經常向他借調，不堪其擾，有一天把蔡友人夫婦找來，問他們到底目前情況怎樣？總共有多少債務？要他們夫婦老實說出來，蘇友人心想有什麼辦法可讓他不要常來調錢，實在很煩。這時夫妻倆心裡的苦悶與恐懼，一時傾吐出來，老淚縱橫地說：「現在已經都完全失靈了，我們想要去一了百了。」蘇友人很驚訝怎會弄到這種地步！蔡友人說：「農會有兩千萬元房地抵押借款，盧姓同學有兩千多萬元，某一銀行信貸五百萬元，還有民間高利貸的借款，還有地下錢莊的借款，現在連進口押滙都湊不出來，進口服裝無法提領……。」蘇先生眼看朋友即將走入絕路，於心不忍，生起憐憫悲心說：「民間的高利貸及地下錢莊的借款共計多少？先把這兩項借款解決，其他部分再想辦法。」蔡友人說：「連押滙共計要四千萬元。」蘇先生當下同意向銀行借錢代償四千萬元，先解決急迫的款項。蔡友人也自動提供內雙溪房地第二順位抵押保證，來回應蘇先生的善意。蘇先生同時還囑咐盡快設法保全公司，不要遭債權人扣押，而能維持營業，否則以後連三餐都保不住，不要說還要償債重新站起來。

蘇先生如其所說，向銀行借款先代墊了四千萬元償還高利貸，其餘的可暫緩。蔡友人因此而獲得暫時的喘息，卸下每天面對逼債的痛苦。之後，因欠缺資金一面勉強的維持服裝事業營運，一面透過朋友尋找買主，欲將內雙溪的房地出售，預計如順利賣出，所得款項應足以償還所有的債務。蔡友人這樣子過了四年到民國一〇二年，才有人願意以一億七千萬元的好價錢承購，始得以解決財務的困境，還有餘款做為生意運用。由於債務解決了，所以才有第二次邀約筆者再度戡察祖墳，表示想要改變遷移，我才恍然大悟，他終於有精力與時間處理祖墳的事。

蔡友人的祖父墳，「明堂」臨山谷，照道理應該過不了關的，何以能夠平安的解決，其中的原因，筆者認為他在內雙溪的陽宅，也是堂前斜溜形勢，因在民國九十二年勸告在門口正前做一大水池，並在水池後方築牆，以改善明堂的局勢，並以水池來制煞而產生作用，才有蘇先生這個貴人即時出現，而不至於看到最糟糕的結果，詳細內容寫在拙作《風水應該這樣學》乙書中。

這個案例說來像是平淡，但是對於當事者可不是這樣，這個事件的發生不是三、五年的事，而是長期慢慢累積起來的債務，才足以讓當事人走到所有的親朋已經再借不到錢，彈盡援絕求救無門的大災難，那種痛苦與絕望是筆墨難以形容的。而筆者舉出，主要是說明陰陽兩宅的宅前明堂，是不可以低陷的，「長眼法」強調「明堂」主財勢，「明堂」低陷必然要洩財敗財的，而這個案例不僅洩財，父子兩人皆發生大車禍，所幸沒有生命危險。

第六節 榕樹下的女老闆

開店做生意一定要有好的地段，要有好的裝潢，還要有特色的商品，更要懂得行銷，想賺錢這似乎是必備的條件。筆者親見一家小吃店，生意鼎盛名聞遐邇，卻沒有具備上述任何條件，而照大發財利，打破開店的迷思。筆者曾到花蓮作客，受當地親友帶領觀光有名的景點，以及有名的小吃，皆留下深刻印象，獨有一家「榕樹下小吃店」令筆者大嘆太妙了，妙絕了。

親友帶筆者到花蓮市郊外的一個叫「田埔」的地方，彎進一條巷子裡，在一棵大榕樹旁的一家小吃店，小吃店像是日式一樓平房，據說是台鐵出租的老房子，連招牌也沒有，所以人們就叫它「榕樹下小吃店」。

（圖四十一）榕樹下小吃店

（圖四十一）這間小吃店房子是台鐵原本的員工宿舍，店的左手邊還有一間，筆者造訪前不久才拆除，左手邊成為空地。屋子像是日式平房，附近有幾間同樣都是老舊平房，年代都已很久也都是台鐵出租的，這家小吃店已經在此經營很久了約有四十年，地段是鄉下一個小聚落，屋子內部就是原來老舊的模樣，小吃也沒什麼特色，跟一般「黑白切」（主要賣麵，加上幾種肉類與幾樣疏菜，任客挑選）沒兩樣，開店要賺錢的條件一樣也沒有具備。但生意就是不錯，還僱用四個人，親眼看到完全事實。

這家店賣的東西沒有什麼特別，就是一般小店看得到的，魯肉飯、意麵、米粉、油麵、米苔目、豬血湯、筍絲、黑白切等。既然來了筆者當然要進去品嚐一下，探個究竟到底因何而出名，點了一些東西吃完後，沒有感到有什麼特別好吃，與一般小吃沒有不同，但就因為名傳四方，連花蓮市區的人都來了，已經不是當地小吃店，名聲已遠播了（請參閱圖四十六）。筆者沒嚐到好吃東西，倒是發現這小吃店在「長眼法」的眼裡有不同的意義。

（圖四十二）店門口停了幾輛摩托車，

（圖四十二）小吃店虎邊形勢

（圖四十三）小吃店前堂形勢

門口就在右手邊大榕樹旁，因沒有招牌客人就叫它「榕樹小吃店」，店在花蓮市田埔的荳蘭地區。店的虎邊連接一排房屋直到大馬路，左手邊原本還有一間房屋，筆者來前已被拆除，現在龍邊空缺，以門口為準點，則虎邊長，龍邊空，所以是右虎邊強，左龍邊弱。站在小吃店門口，則見正前也有老式房屋相對著，門前擺個豬肉攤，與小吃店一樣簡陋，看起來還滿搭的。

（圖四十三）小吃店正前有一戶一樓的平房，是個斜屋頂，正斜對小吃店，這種形勢「長眼法」叫做「堂水」，朝前堂而來的水，下雨時斜屋頂的雨水就會逆流朝向小吃店，「長眼法」認為「堂水」能招財，陰陽兩宅遇到「堂水」是很吉利的。這是所見第一個巧妙處。

（圖四十四）是從店內向門外拍攝，可見到店內地面低於路面，高低差大約有二十至二十五公分左右，這種室內地板低於路面的形勢，也叫做明堂有「吐唇」與「兜收」，就是明堂飽滿微蹺，下雨時雨水由外往內流，水能上堂，上堂即是水能入喉，入喉才能喝得到水，水主財，這才是真正財地。這是筆者所見第二個巧妙處。

（圖四十四）小吃店門前形勢

（圖四十五）女老闆玉照

又由（圖四十三）小吃店門前形勢之圖照中，右前方是三層樓房，而左前方為空地，小吃店左龍也是空地，這形勢是右虎邊強，左龍邊弱的「虎過堂」形勢。「虎過堂」格局唯有女性老闆，才能撐得住，不宜男性。這小吃店果然是個女老闆，符合「長眼法」觀點。這是筆者所見第三個巧妙處。

這位女店東是個名副其實的老闆，雖僱用一男三女助手，女老闆仍親自站在餐檯前為客人服務，雍容自在不慌不忙的樣子，令人感到她的自信，與對所從事小吃店的滿意。親友還特別介紹女老闆每天營業前，都先到美容店洗髮梳粧，髮型像切半的大南瓜掛在後腦勺，永遠不變，看起來就是個上了年紀的人，她把自己打理得乾乾淨淨的，不像別人忙得油頭垢面，她與店裡店外簡陋樣子成了對比，女老闆顯得平凡中的不平凡，是個經營有成得意的女老闆，實況與地理形勢吻合。這是筆者所見第四個巧妙處。

俗語說：「山不在高，有仙則靈」，在此則說：「吐唇兜收，則必招財」。

（圖四十六）店內簡單佈置

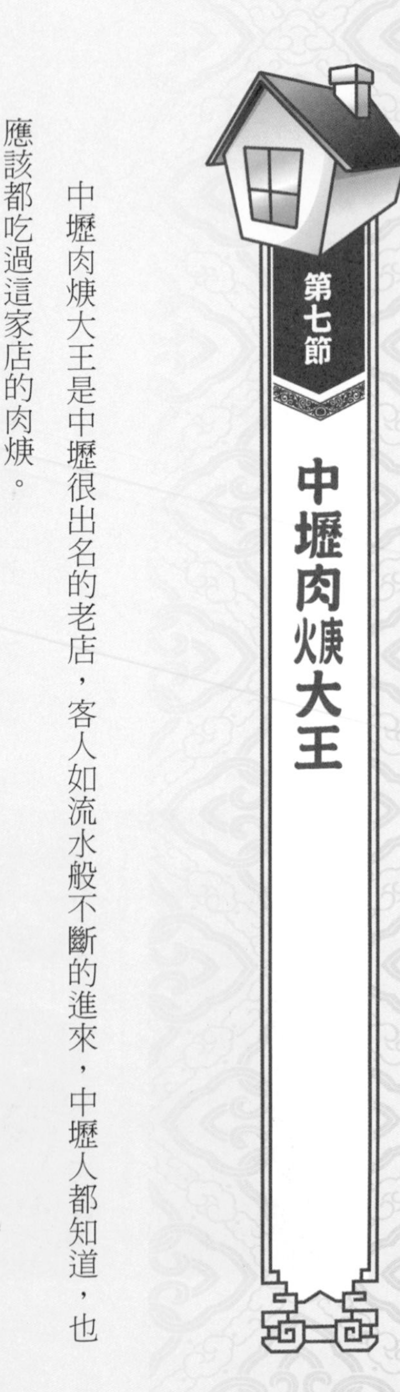

第七節 中壢肉焿大王

中壢肉焿大王是中壢很出名的老店，客人如流水般不斷的進來，中壢人都知道，也應該都吃過這家店的肉焿。

（圖四十七）中壢肉焿大王

（圖四十八）肉焿店左邊騎樓

上（圖四十七）中壢肉焿大王，在中壢市的中山路上，正面看過去，與其他的店面沒有什麼兩樣，不過當走到店口，會發現與眾不同。

上（圖四十八）是肉焿店口外龍邊騎樓下的走廊，可很清楚看到走廊地板，隔壁那一戶較高，約有十二公分左右，又可以看見左龍邊的走廊很長。「長眼法」喜見龍邊長又高，表示龍強。

上（圖四十九）是肉焿店口外虎邊騎樓下的走廊，同樣可看到走廊的地板，隔壁那

（圖四十九）肉焿店右邊騎樓

（圖五十）肉焿店門口形勢

（圖五十一）肉焿店左龍形勢

一戶微高，約十公分左右。這顯現肉焿店龍虎邊地板皆高，肉焿店獨低，有龍虎護衛形勢，肉焿店虎邊只有一家店面，再過去是道路，顯得龍邊長，虎邊短。

（圖五十）為肉焿店的明堂，與前個例子具有同樣的特點。店口的走廊不僅比龍虎邊低，還比店前街道為低，即是明堂具有「吐唇」與「兜收」的形勢。

（圖五十一）為肉焿店的龍邊，整排連棟店面相接著，外型是龍邊長，表示龍邊強。而對面街房屋與肉焿店齊，表示肉焿店是龍邊長環繞過前堂，是個「龍過堂」的形勢，明堂又是個「吐唇」與「兜收」的財局。

第八節

富貴伴隨爛桃花

古聖賢訓示「富貴不能淫」，要能做到真不容易。筆者從風水的角度來看，不是富貴的人才會伴隨爛桃花，而是只要住上一戶「長眼法」所指會有爛挑花的房子就必然會發生，而不是貧富的問題，但是對有錢人更有機會更容易有爛桃花。

筆者看到這樣一戶住宅，地理形勢很特異，在「長眼法」的眼裡，該發富的少不了錢財，該招惹桃花的也免不了要發生。這例子房屋的主人，仍舊予以保留不便透露，只是用房子來說明「長眼法」地理形勢，而且這種形勢也是非常罕見，所以提出來供參考。

（圖五十二）這戶三層樓透天厝，不是單獨的，右手邊還有一戶，是雙併的三樓透天厝，住在左臨巷這一戶，從側面可看到這棟透天厝面窄屋身長的宅子，是早期建造的甚為簡陋，屋型扁長形，是屬格局較差一般人不太喜歡的屋型。但是這家主人自從住進

（圖五十二）扁長形透天厝

去後就不肯換房子，即使發了大財也不願遷離，可見這棟看來不起眼的宅子的確有玄機。房屋面向大約十五公尺道路，屋左臨巷道，沒有圍牆，因為屋深左側開立五個臨巷窗戶，用來採光。

（圖五十三）左龍邊臨巷而對面屋子，是一樓老式平房，斜屋頂還蓋著老舊石綿瓦，屋面很廣與三層透天厝等長，亦即透天厝左側整面對著斜屋頂，左龍又帶路，「長眼法」認定這種形勢，吉中帶凶，凶中帶吉，吉凶參半。

這家屋主人在這裡住了近三十年，原本是個漁市場的漁販仔，自從遷進這宅子

（圖五十三）左龍邊平房形勢

之後，也不知來了什麼因緣，改行從事建築行業，從小型建築開始，慢慢打穩了基礎，一步一步擴大營建規模，經二十多年的打拼，現今已儼然成為當地最大建築商，到處可見他承建的房子，累積相當豐富的財力，這是個招財聚富的宅第，即使格局再不好再擁擠不堪，屋主人捨不得也不願搬離，自己清楚明白這宅子為他帶來財富，是他不肯遷移的主因。

這宅子屋面窄屋深，左龍邊臨巷，側對斜屋頂，是在左側而不在宅前的「明堂」，在「長眼法」看來也屬「堂水」的一種，其因是宅身臨巷沒有圍牆，而且很深長，又側開五個窗戶，這宅子形勢已變型，左龍邊變成了「明堂」，而「明堂」正對著平房的斜屋頂，顯示「堂水」一派而來極為旺盛，水旺財就旺，這是這家主人之所以發財而且驟富的主因，是住宅的地理形勢所造成。

這樣的局勢難能可貴，是個招財之好宅子，可是由於龍邊臨巷道，在「長眼法」看來，凡宅左龍邊帶路，桃花難擋，又因宅身長，所患必然是爛桃花，而且特別嚴重。房子具備招財形勢，必得財發富；房子同時也招惹桃花，勢必不能逃。從此宅中獲得應驗，吉不免帶凶，吉凶參半矣。

網路上廣泛流傳一則美麗的愛情故事：「傳說在二戰時期，一個義大利士兵要出征了，可是家裡已經什麼也沒有了，愛他的妻子為了給他準備乾糧，把家裡剩下所有能吃的餅乾與食材包進這個糕點裡。那個糕點就叫提拉米蘇。每當這個士兵在戰場上吃到提拉米蘇就會想起他的家，想起家中心愛的人。」悲壯奮勇征戰，心懷感恩愛人故事，令人感動。

「Tiramisù」按照音譯是提拉米蘇。而在義大利原文裡，「Tira」是「提、拉」的意思，「mi」是「我」，「sù」是「往上」，合起來就是「拉我起來」的意思，另一種解釋是「帶我走」，帶走的不只是美味，還有恩愛和幸福。「帶我走」(pick-me-up)之說指涉配方中含咖啡因的濃縮咖啡與可可共振帶來的輕量興奮作用。這一甜點自 1980 年代中期走

（圖五十四）提拉米蘇蛋糕店原創地

紅。今日，世界各地的各色高檔餐館都可能供應此甜點，而不為義式餐館所專屬。它的配方中最具創新意義的是咖啡風味的起司奶蛋液，這一新口味亦為蛋糕、布丁等其他形式的冷、熱甜點所吸收。（引自維基百科資料）

花蓮有一家仿照上述素材，研製而成的蛋糕也叫做「提拉米蘇」，總店設在花蓮市中原路七三八號，自稱從民國八十二年創立，目前分店遍布全台，雙北市有復興店、承德店、板橋店，另有桃園店、台中店、彰化店、高雄店，它是如何發跡？原創地在哪裡？

（圖五十五）提拉米蘇蛋糕花蓮總店

（圖五十四）是「提拉米蘇」蛋糕原創廠地，設在花蓮縣吉安鄉南山五街，是一處三層樓透天集合住宅社區，是屬花蓮偏遠地區。初創期並沒實體商店，從圖照可看到工廠是標示第二棟與第三棟，兩棟相連的三層樓透天公寓，在此製造「提拉米蘇蛋糕」，靠網路以及宅配方式打開行銷通路。總店現在設在花蓮市中原路的「提拉米蘇蛋糕」，現雖已成為知名品牌，然而同樣以這種方式促銷商品的也很多，「提拉米蘇蛋糕」何以能順利成功？除了具備專業能力外，從地理形勢來看也巧合「長眼法」的論點。兩棟相連三層樓公寓

（圖五十六）提拉米蘇蛋糕邊形勢

蛋糕工廠，右手邊還有一棟，是鷄販賣生鷄肉與鷄蛋，左手邊連接一整排住宅，顯示右虎邊短，左龍邊長的形勢，對面也是三樓公寓相對著，呈現「龍過堂」格局。龍長龍強之「龍過堂」形勢，是個風水好的工廠，自然有助順利成功。

「提拉米蘇蛋糕」從網路虛擬到實體商店，可說跨出一大步，實體商店正逐步擴展中。第一步把初創工廠遷到花蓮市中原路擁有一大塊土地，開設現代化工廠，貨車可直接進到廠內運送貨品，新工廠前面一樓開設門市部，販售「提拉米蘇蛋糕」及咖啡。「提拉米蘇蛋糕」將此設為總店，從此處展開另一段的進程。而這個總店能否再度鴻圖大展，關係重大，其地理形勢又是如何？值得研究探討。

（圖五十五）是棟四層樓房屋，前面一樓一小段闢為店面，店後面全做為工廠，右邊備有大停車場，運送貨車也由右邊進出，是面窄身長的廠區，一棟獨立四層建築物，初看似獨立無鄰，令人有孤傲倔強的印象，其實以「長眼法」的眼光仔細觀察卻有異於常。

（圖五十六）可看到龍邊有一棟兩層房子而沒有連接，可是仔細看中間種樹，樹將其空隔給補滿連接起來，而二樓房屋之左手邊亦有樹，把二樓房屋予以延伸，整體看起來提拉米蘇的左龍

（圖五十七）提拉米蘇蛋糕前堂形勢

邊，有樹有房屋連成一體，亦屬左龍邊長，而相較右手邊是停車場通道，顯現右虎短左龍長的形勢，符合「長眼法」的龍邊長虎邊短。

前（圖五十六）提拉米蘇新總店建築，形勢上雖有點突兀，但在門口觀察前明堂，則有不同的觀感。門口前馬路過去正好是一塊空地，門口連馬路再接空地，巧妙的成為明堂吐唇，空地右手邊有鐵皮屋，左手邊有房屋整排將空地與右手邊鐵皮屋環抱起來，前堂形成左龍環抱右虎，亦即「明堂」「吐唇」且「龍過堂」格局，非常巧妙而稀有之明堂形勢（請參閱圖五十七）。

明堂主財，「長眼法」極重視明堂。提拉米蘇在此建立新總店、新工廠，可謂福至心靈一切皆天成，故從此新據點展開全新的進程，發展甚為順利，從東部到雙北市而至高雄，已奠定了基礎。每一個門市遴選店面，若皆尋得符合「長眼法」地理形勢，那會更堅實穩固，興旺可期。

第十節 明堂懸空要小心

談了陰宅祖墳的「明堂」，也談了陽宅的「明堂」，接著再舉建在山坡地的陽宅。建築在山坡地的陽宅，因為山坡地的房子都依著道路兩旁而建蓋，有上邊坡的，有下邊坡的。所謂上邊坡房子，需爬樓梯上坡再進屋內；所謂下邊坡房子，客廳在一樓，臥房在客廳的下層，有的還要走幾層樓梯才進屋。上邊坡的房子大多數人比較喜歡，居高臨下可遠眺美景，下邊坡的房子比較低，視野比上邊坡差，一般人比較喜愛上邊坡的房子。

不論上邊坡或下邊坡，凡建在山坡地的房子，大多數都居高臨下，面臨山谷的情形，有的面臨山谷很深，這種房子只有一個好處，視野廣闊，可遠眺群山美景，除此之外，毫無可取之處。以「長眼法」的觀點不是好的陽宅。再舉一個面臨山谷的房子，實際住一段時間後的情形。

筆者有一位許姓的友人，住在新店山區一戶上邊坡的房子，那個社區的山坡地總共有六百多公頃，是個大型的山坡開發住宅區，有的人買後當作休閒用，假日才去住一、兩天，而那位許姓友人他是長期住戶。

（圖五十八）是一棟白牆紅瓦兩層樓房屋，路面層是車庫，要爬上一層樓梯才是一樓，在路面的上方叫做上邊坡房子。該棟房子面向山谷，可看到對面很遠的山頭，天氣晴朗的時候，眺望山色令人心曠神怡，確實是個休閒的好地方。許姓友人是長期住在那裡當住家使用，並非度假休閒的。友人偶爾也會邀筆者與幾位朋友到他家喝茶。這位友人從事木製禮品類生產

（圖五十八）面向山谷的陽宅

（圖五十九）宅前面臨山谷形勢

外銷，屬中小型企業的老闆，由朋友關係認識他的時候，已經搬進去住了，尚有一些小工程還在整修中，想一想至今大概有二十年了。

（圖五十九）這一戶住宅是獨棟式的兩層樓房，沒有與左右房子相連接，房子地平面離道路還有一層樓高，路面層為房屋地下室做為車庫，需要爬樓梯才能上一樓平面進入屋子，房屋基地左龍邊還有一塊滿大的空地做為庭院，房子正前只剩不到兩公尺的空地，下面就是地面層的道路，宅前不但沒有明堂，而且面臨山谷，屋前下方的道路繞過左龍邊的空地，經屋後上

（圖六十）宅前面臨深谷

山去，房屋是由前後道路所圍成的邊地。所以整體看這棟房子，左龍邊空曠，堂前面臨邊坡接著山谷，遠看群山交疊，近看居高臨下，有一種欲墜感，若有懼高症的人臨此必覺不安恐懼，不僅沒有「明堂」而已，而是深谷已到令人不舒服的程度。

友人居住在這種地理形勢的山坡地陽宅，實在令筆者感到不知如何是好？曾經試著說服他改變進出大門的位置，他是天主教徒很難的，他後來也接受我的建議，進出的大門改在原來左龍邊的空地。這樣的話，原本後靠山變成左龍邊而高起，而原本左龍邊的空地變成明堂的「吐唇」，可以改變原來極為不當的形局。友人雖接受了，但執行不夠徹底，只在那個位置開個小門，實際上也沒從那門進出，沒有實質意義，可能信心不足，沒有徹底執行，所以禍福都是宅主人自己決定的。

最後看到友人的結果，他的身體給耗損掉了。第一次知道，他突然出現心臟病，被急送醫院診治，後來不知是何原因，到中部某醫院開刀治療，康復之後，朋友還有聚會，但不好意思詢問詳情。記不清楚再過多久，第二次知道，聽到朋友傳來友人因心臟病而死亡，這件事應在六、七年前。至於他的事業，因人亡也跟著結束了。宅前「明堂」遇到深谷，不僅洩財，嚴重會導致身體出意外的問題，不可以不知道！

第十一節

明堂斜溜會洩財

「明堂」還有一種斜溜的形勢。所謂斜溜就是陰陽兩宅前，雖有「明堂」但是形勢是往外傾斜下去的，這樣叫做斜溜「明堂」。舉一個大型的建築體：台北圓山飯店為例。

台北圓山飯店正前遠觀全景，是座中國宮殿式建築，加上紅色外裝，顯示莊嚴富麗，曾為達官顯要國賓宴會之所，也是蔣家時代權威之一大象徵。

（圖六十一）這張照片是站在入口大門

（圖六十一）台北圓山飯店正面景觀

汽車收費亭前所拍攝，是飯店正面觀。

台北圓山飯店位在台北市劍潭山（一般稱圓山）靠基隆河邊，是一棟十四層中國宮殿式大廈，一九五二年（民國四十一年）成立以來一直是接待國賓以及高官宴客之場所，政府負責管理督導，官方色彩極為濃厚，由於建築古色古香，朱紅外牆，巍峨高聳目標顯著，是台北市最有地標意義的建築之一。一九六八年（民國五十七年）曾被美國「財星」雜誌、紐約時報評選為世界十大飯店之一。也因開始即以接待國賓為主，對飯店本業盈虧不太重視，員工也被訓練成為專門服侍達官顯要的團隊，年齡平均五十歲，一半以上有親戚裙帶關係。表面每天賓客如雲之圓山飯店，其實令人訝異的是，將近六十年營運歷史，本業從未有過盈餘，每年虧損約二、五億元，最令人感到疑惑不解。過去曾有一年盈餘是前董事長宗才怡，動用圓山飯店現金操作股票，靠業外收入賺得。由歷任董事長辜振甫、宗才怡、張學勞、黃大洲，皆聘請專業經驗豐富的總經理，從事改革欲振衰起弊，可是前仆後繼，個個奮勇上山，卻個個氣竭敗下，連被譽為飯店教父之稱的嚴長壽先生，一九九八年（民國八十七年）曾接下總經理職位，勵精圖治之結果，一年半後

（圖六十二）左龍邊低陷形勢

（圖六十三）左龍邊臨河谷

也被迫辭職。

二〇〇八年（民國九十七年）七月續宗才怡接下董事長職務之張學勞先生，特邀兩位大將蔣祖雄任總經理管營運，蔡金川任總稽核管財務，為了要撙節開銷，將高雄圓山聯誼會結束，計有一〇八位員工轉調，因而上街抗議，找人施壓，使得連張董事長有政府背景資歷，也招架不住被迫收回成命。接著台北圓山經過部分調整，又遇上兩岸交流熱絡，陸客慕名湧入，使住房率提高許多，甚至引進「馬伯樂國際歌舞秀」參插「上空秀」以廣招旅客入住，歷經一番努力，二〇〇八、二〇〇九兩年營運首度出現盈餘，可是不幸遭到黑函攻擊，並影射有掏空圓山之嫌疑，使得可領月薪三十萬元自願放棄而當義工之張學勞董事長遭受委屈，萌生退意，終於二〇一〇年（民國九十九年）三月請辭董事長獲准。接著四月間聘請曾任台北市長黃大洲先生繼任。凡上山欲改革圖治，結果皆遭到內部頑強抵抗，至今蔣家色彩濃厚歷史糾葛，很難清除沿襲而來之各種積習。

（圖六十二）這張照片是從飯店前向左龍邊拍攝，左龍邊臨基隆河床。

（圖六十三）是站在圓山飯店左龍邊所拍攝，不僅無龍邊且面臨懸崖河谷，下陷直抵基隆河床。

圓山飯店何以積習如此深重，任再有心的董事長及專業人員，皆難以挽救頹勢？吾人不需研究其內部原因，只就圓山飯店所處地理形勢，一窺便知，一目了然，毫無隱密。即使有人對圓山如何評論，講得天花亂墜，各暢其言，以示見地，皆表尊重。

以「長眼法」之見解，既簡單又容易。圓山飯店建在劍潭山之山脊稜線，若以龍形容山脈，圓山飯店即騎在龍脈背上（請參閱圖六十一），右鄰山下之中山北路，左臨山谷抵基隆河床（請參閱圖六十二及圖六十三），「長眼法」稱為既無右虎更無左龍，左右皆無靠，左龍既斷又懸崖，形勢險惡到極處，而唯一可取，則為飯店前「明堂」有吐唇且很長，粗看吐唇似是好形勢，再仔細端詳，前堂吐唇往前下溜，穿過飯店的牌樓，直探基隆河，不但沒有兜收（請參閱圖六十四），連基本要求平坦也沒有，因此長的吐唇，毫無用處反成洩水之勢，漏財之形局。

無深入研究，以為圓山飯店似是欲躍之龍頭，盤踞基隆河，遠眺台北城，是個好風水地。更有人指與對岸龜山，形成龜蛇守水口之局，有幾分道理，但與圓山飯店無關。單以圓山飯店而論是騎在龍背上極不穩固之態勢，左右無依又前溜，孤立傲骨無親鄰，自恃甚高絕外援，堅定故封拒改革。這棟高聳樓房哪承受得起，自然界右旋無形力量無時催迫，形勢比人強，故一九九五年因頂層會議廳施工不慎，引發一場無明大火（請參閱圖六十五），將圓山大樓上半部焚毀，經三年全面整修，一九九八年六月工程完成再重新開幕。

圓山如同一部老舊大機具，縱有毅力堅強聰明智慧，想要進行改革圖強，也難達到扭轉環境能力，終究被環境所轉，凡人何能致之？難怪每任董事長、總經理，皆被推落山崖，無功而返，主因形勢與自然力量不合，神仙也難救。張學勞董事長說過：「圓山人唯我獨尊。」即是外形具體之展現，更於二〇一〇年三月卸職時說：「自喻為牛，圓山是即將躍起的龍，牛坐在龍頭上必死無疑。」吾寧願說：「圓山是一頭牛，牛坐在龍背上，龍一翻動，牛即落下滾入基隆河，必溺水無疑。」如此之情景難道不就是歷任上層有使命感而想改革者之結局嗎？

宅屋無龍邊，宅主人或長子下場已足夠難堪，何況龍邊臨懸崖深谷更為悽慘，董事長是圓山宅主，總經理是長男，自然右旋力量沒有左龍邊護衛，停滯凝聚，使之不去，當必被漩渦吸下山谷，個個落敗無有例外。除非只領高薪，任令老機具繼續腐損下去，否則遭遇皆同。

（圖六十四）明堂斜溜的形勢

（圖六十五）圓山飯店大火災

（圖六十四）張照片是站在飯店大廳前拍攝，明堂吐唇傾斜溜下至基隆河。

（圖六十五）這張照片是拍攝自飯店內牆壁上的掛畫。

果不其然撰寫到此又見媒體新聞報導，圓山飯店現任董事長黃大洲被董事會決定調換，於二〇一一年七月二十一日改派李建榮先生繼任，黃大洲只擔任十五個月董事長，改善業務才啟動，未見績效即卸任，讓他心裡很不舒服，難怪交接儀式因而拒絕出面，可見心裡感受是如何不平。據報導二〇一〇年圓山飯店虧損一、七億元，依舊沒有任何之改善。

無龍邊厝燒死全家人

「長眼法」最重要的基本地理形勢「龍過堂」，是要左龍邊高且能夠繞過堂前，形成左龍強右虎弱的環抱格局，使象徵男性的龍邊真正能起得了作用。反之，右虎強左龍弱的形勢，代表女性的虎邊成了凌駕左龍的「虎過堂」格局，則是違背大自然的地理形勢。沒有龍邊的形局，更劣於「虎過堂」。舉一實例說明凶禍的嚴重性。

這個案子是民國一〇二年十一月八日晚間，發生於台北市內湖區內湖路一段三五一巷三十八號二、三樓的住宅，老宅主涉嫌引燃瓦斯，燒死全家五屍六命的人倫大悲劇。首先從（圖六十六）的照片中，可以看見最右邊臨空地那一戶房子，第二層及加蓋的第三層，已經被燒得面目焦黑，家具全毀。這一整排的房屋原本應該只有兩層，大部分在二樓頂加蓋第三層。屋前面臨恕德學校的校地，被用圍籬給圍隔起來，宅前僅有約不到兩公尺的通道，一整排大概有十多戶全靠這條窄小的巷子進出。

宅前被圍籬阻隔起來形成明堂狹窄，可以說沒有明堂，以火燒屋這一戶為基準點來看，右虎邊連接整排房屋，直到內湖路，而左龍邊臨學校的運動場地，在「長眼法」的觀點，右虎邊長，左龍邊短，形成右虎強左龍弱的格局（請參閱圖六十七）。而最大的問題是左龍邊連接怹德校區的運動場，一大片的空曠地，這樣的地理形勢，就叫做「無龍邊厝」（請參閱圖六十八）。

（圖六十六）原本是兩層樓透天厝，二樓頂加蓋一層。

（圖六十六）引發火災的房子

（圖六十七）右虎邊長的形勢

「長眼法」的龍邊代表男性，右虎代表女性，而要左龍邊高，代表男性氣勢旺盛；要右虎邊低，代表女性柔順，這樣才符合自然的本性。而左龍邊也代表宅主及長男，沒有左龍邊，代表宅主或長男氣勢薄弱，因而使得宅主或長男沒有作為或於事無成，最後導致嗜酒、好色、豪賭三項惡習必染其一。

（圖六十七）可看到一整排連棟兩層樓透天厝，以火燒屋來看，右虎邊很長。

（圖六十八）火燒屋的左龍邊是學校的運動場，由於是空的，沒有建築物，

（圖六十八）無龍邊的房子

叫做「無龍邊厝」。

依「長眼法」的觀點來檢視這個「無龍邊厝」到底會發生了什麼事。引用「聯合晚報」民國一〇二年十一月九日的新聞報導：「台北市內湖昨晚發生一家五屍六命火災悲劇，警消調查發現疑是六十八歲的屋主陳萬吉因十多年前喪偶後，三年多前娶了當時才十八歲的柬埔寨妻子，遭兒子陳似棟強烈反對，父子倆近年來爭吵不斷，陳萬吉一個多月前即曾揚言要放火燒死全家人，不料果真釀成人倫悲劇！陳萬吉還有一名女兒已出嫁，昨晚聞訊趕到現場，泣不成聲；而警方昨晚也打電話聯絡上個月回到柬埔寨的陳萬吉的外配，但隨後她又失聯，警方正積極聯繫中。這起造成幾近滅門的嚴重火警，遠因是老屋主陳萬吉再婚，娶了年齡相差近四十歲的外配，造成老、少屋主長年激烈爭吵。而這名外配昨天案發時，人在柬埔寨。鄰居說，陳萬吉的外配回柬埔寨，有一說是上個月被陳似楝「趕回去」；也有說是陳萬吉把她送回家的；還有一說，則是陳萬吉的妻子是離家出走的，並帶走陳萬吉不少積蓄。但就因她回去柬埔寨，陳萬吉的情緒似乎更不穩定，父子爭吵不休，多次企圖開瓦斯自殺，更揚言「要死，就全家一起死」。這場大火，造成陳萬吉與兒子陳似楝（三十一歲）、媳婦鄭伊晴（三十二歲）及年僅四歲孫子陳昱嘉、一歲孫女陳芃予陳屍火場。警消發現，鄭伊晴已懷有約八個月身孕，據目擊者指出，火警發生時，曾見鄭伊晴跑到三樓陽台求救，但可能因懷有身孕而不敢跳樓逃生，而喪生火窟。「錢都給柬埔寨的太太，給她拿回家蓋房子。」鄰居說，陳萬吉的妻子十多年前罹癌過世後，陳萬吉於三年多前又娶了當時才十八歲的柬埔寨籍外配，兒子陳似楝極力反對，認為母親過世還不多久，而且這名「繼母」竟然年紀比自己還小，父子倆近年為此爭吵不斷。尤其，陳似楝發現父親將母親的保險理賠金都給「繼母」拿回柬埔寨蓋房子，還向外人炫耀娶到嫩妻，「老婆還會給我五千塊當生活費」……等，卻經常向他伸手要錢，父子因此越吵越兇。陳萬吉曾向里長訴苦，他曾因此去看精神科。」

【2013/11/09 聯合晚報】@ http://udn.com/

從這則新聞的報導，得知宅主因娶少妻，將金錢交付外籍配偶，而頻向兒子要錢，長期爭吵，所導致的人倫慘劇。沒有左龍邊，「長眼法」主應在宅主或長子，宅主再娶嫩妻因女色所引發家庭不幸。值得引以為戒。

第十三節 祖墳土地公無龍邊傷破難免

祖先的墳墓幾乎都有安置土地公，成了一個慣例。據筆者瞭解「傳統風水」習慣上土地公也都沒有省略，但是安置的方法很多種，在此沒辦法盡述。反觀「長眼法」基本上能不安就不安，因為在避免沒有必要的傷破，若土地公安置不當，反而會招來禍端。大多數的人，甚至為人造葬的老師也不知道，土地公與墳塚墓碑一樣重要，而輕易的被輕忽。為人造葬只在墓碑上講究，殊不知土地公卻與墓碑齊重，無意之間因土地公安置不當而招來傷破。舉一實例說明之。

高雄朱安雄先生父親墳墓，依據墓碑記載，此墓於民國九十年（西元二〇〇一年）建造。經查訪當地曾參與建造工人，告訴建造此墓總工程費用，大約花了兩千萬元新台幣，是否屬實尚待查考，不過卻具體指出，現前看到墓體土方，非原有而是從外面買土運進來填充起來，原地較為低平，何以要選擇此處大費周章運用人工培補，其原因不得而知。而能讓朱家願意花費不菲的金錢，必然有其堅強理由，果真要花費兩千萬元，即使財力雄厚的人也會三思。

朱家被稱高雄三大家族之一，第一世家是陳啟川家族，第二世家是王玉雲家族，有過南霸天封號，第三世家就是朱安雄家族。朱安雄主要事業是鋼鐵，有安峰鋼鐵、振安鋼鐵、峰安金屬等總稱為安鋒集團。集團全盛時期年營收有三、四百億元，在國內企業一度排名第四十三大。他本人曾任監察委員，一屆立法委員，夫人

（圖六十九）朱安雄父親朱銀風之墓

吳德美也是資深立法委員，不僅事業體龐大，創下高額營收，政壇上夫婦倆也是響亮名人，政商得意。

安鋒卻在一九九八年七月八日發生首次跳票事件，可能一葉知秋，事業上已亮起紅燈。或許以此緣故，二〇〇一年才大舉建造乃父墳墓（請參閱圖六十九），據以扭轉衰退改變局勢，然而朱安雄二〇〇二年回鍋選高雄市議員，志在議長寶座，但卻發生議長賄選疑案。二〇〇三年妻子吳德美被檢察官指控掏空安峰公司二百二十七億元，逼得朱安雄主動招待記者會，說明三百五十億元資金流向。而朱本人涉及議長賄選案，二〇〇三年被法院判刑一年十個月定讞，竟然棄保潛逃，當時被列為十大通緝要犯之首。吳德美涉及掏空案，二〇〇九年被最高法院判決，掏空安鋒集團二十億元及逃漏稅六千餘萬元，認為吳觸犯業務侵佔、逃漏稅等罪，處有期徒刑八年六月定讞。二〇〇九年四月十六日吳德美入監服刑。朱安雄涉及賄選潛逃後，加上鋼鐵產業不景氣，金融風暴影響，銀行舉債利息壓力等因素，安鋒集團逐步沒落。朱安雄長子朱挺介是英國劍橋大學工程管理博士，一踏出社會即背負二百五十億元債務。

朱安雄的家庭及事業產生如此劇烈的變化，或許有許多因素，但站在風水學的角度，來審視朱家事情發生之前，為他父親葬墳一事，提出來討論，是否與祖墳也有關係。

（圖七十）朱家祖墳後靠山是由墓之左龍邊山系拖曳下來的支脈，主脈乃往左前行去未見停止，故以分支做為後靠山，或許因形體消瘦故氣勢不足，乃須加以運土培補，不過無論如何運土加工，看起來後靠山依舊勢微氣弱。以頭枕支脈方式造葬，承接不了貫屍地氣，穴場無氣，祖骸寒冷。其弊一也。

（圖七十一）墳墓前的兜池，配合宅

（圖七十）朱父墓後靠山形勢

體而有寬廣墓庭，整體觀之甚為相稱。但停足墓前正觀明堂前的案山，案山中段低陷，有破碎相不完整，不成一字形，案山代表官貴，民意代表有官無印，沒有實權。

朱父墳之前堂雖有一脈落下繞過堂，應可圍衛護照墓穴，可惜為山谷隔離，且案山正中陷落，未能平整成一字案，以致與官貴無緣，因而議長成為通緝要犯。而案外遠方適有山頭在前案之低陷處，端坐不倚，似有探頭山之慮，故有吳德美女士被控告掏空公司資金，後以業務侵佔罪判刑入獄。

另墓庭兜池外圍僅一大步距離，即是陷下大坡坎，在坡坎處建一半月形大水池，用

（圖七十一）朱父墳墓前形勢

（圖七十二）朱父墳兜池前形勢

以蓄水。半月池之下方又有一坡坎，直至人行步道。人行道再下去是山谷溪底。墳墓前堂除墓的兜池外，接下即是山谷而分三大坡段落入谷底，這種地理形勢「長眼法」稱之為堂前無吐唇型態，而明堂前山谷，且可一眼看穿谷底，毫無遮攔，勢如破竹，一墜至底，（請參閱圖七十二、七十三、七十四）。為其弊二也。

（圖七十二）墓前兜池前隨即面臨傾斜下溜之斜坡，為第一階段斜坡。再下又是個陡峭坡，層層下溜，且越下越深，毫無阻擋。第一段下之第二段斜坡處（請參閱圖七十三），建有一半月形水池，用以蓄水，一般稱半月池得以招財。半月池設在第二段斜坡，眼不得見，未能照墓碑，招財之機緣，全然未起動，因低下的水距離遠，不能入喉，水池常無水呈乾枯狀態，水池白做了，此實不知形之要旨者也。

（圖七十三）是建在第二段坡坎的半月形水池。

若再移步墓庭兜池前沿，第三階段斜坡，即近谷底處，進入墓園的黃土色小路躺在

（圖七十三）朱父墳墓前下方半月池

（圖七十四））朱父墳前溪底來路形勢

右前方，滿山翠綠中格外凸顯。墓前這條入園小路（請參閱圖七十四），「長眼法」稱之為官司路，尤以窄小道路或步道小徑，力道尤為強烈，宅墓逢之，無能倖免官司之禍。此其弊三也。

（圖七十四）為墓前溪底之來路，可通行汽車，宅墳前的來路即是官司路。

再者，墓體左前方建置土地公，係建在基體之左前方，其基不平而且左龍邊傾斜（請參閱圖七十五）。

（圖七十五）后土（土地公神座）基地右虎邊高起，左龍邊向下傾斜，直落山腳下。左龍邊又建有人行階梯步道，

（圖七十五）朱父墳土地公神座

以便爬登進入墓園。土地公位置左龍右虎兩邊地勢高低落差甚大，致神座極其不穩固，似有向左傾塌之慮。「長眼法」除了堂前有直來的路沖，會有訟事官司外，左龍邊帶路也一樣會有爭訟官非司法的問題。所以土地公的左龍傾斜又帶路，必感驗官司，左龍邊屬大房，朱安雄的胞兄朱安泰也受牽連被判十年九個月的徒刑，陰陽兩宅及土地公左龍邊帶路，必有官非之傷破。此其弊四也。

朱父墳墓經實地分段拍攝，逐一說明地理形勢，似乎未具完整概念，但可就上舉實景綜合起來，即得清晰整體印象。想像站在墓碑前，左龍邊高崗來龍，山脈續往左前走去未有停止，墓後高崗下一落脈，勢微平緩做後靠山，沒有起頂開帳，以人工培土墊高地基以做穴場。左龍邊高滿厚實，右虎下角低落山谷，左高右低落差甚大，穴場左右失衡，地氣向右虎山谷下溜未有停息。墓之前堂，案山中間凹陷破碎，未成一字案，不招貴氣。又因前案凹陷處後方有似探頭山，象徵偷竊。墓前明堂面臨山谷，分三階降至谷底，無有樹木叢林遮蔽，可一眼直見谷底溪澗，堂前深谷全露無遺。土地公無龍邊且傾斜至山下，左龍邊又帶路，土地公有傷破。站立兜池前沿看，黃土車道向前來，萬綠山巒中特別明顯，則官非當頭勢難免。

「長眼法」主張有形則有應，整理朱家之父墳，可知明堂下陷山谷，無有吐唇，前堂是二房位，二房首先主應失財；兜池外即臨山谷，故二〇〇一年修造完工後兩年，二〇〇三年即被檢察官指控吳德美掏空峰安公司二百二十七億元，最高法院最後判定確實掏空二十億元，掏空就是偷竊之意。墓右前車道來路，主應朱安雄因涉高雄市議長賄選案也是當年判決定案後潛逃。墓前案山正中凹陷，主無官貴，民意代表有官無印，沒有實權，浪得虛名。土地公左龍下陷又帶路，左龍邊是大房位，主應大房失財也因而牽扯官司，朱安雄胞兄朱安泰也同犯掏空案被判刑十年九月。

眼看二〇〇一年朱安雄大手筆為乃父建造墳墓以表孝親之意，求「藏風納氣」之地以蘊育祖骸，讓先人靈魂安歸斯土，並據以庇蔭子孫平安喜樂。無奈事與願違，不僅平安未得卻反遭乖逆，安鋒集團頹敗而身陷囹圄，且債延子孫。朱為父造墳乃人之常情，世俗流傳，孝親行為，應當認同，然實情卻令人唏噓。

朱安雄乃父之墳墓，設計監造者何所依據不得而知，但可以確認建造兩年後二〇〇三年，朱家發生重大事件，朱安雄涉高雄市議長賄選案，被判刑定案，因而棄保潛逃，成為通緝要犯。其夫人吳德美也在同年被檢查官指控掏空安峰公司，二〇〇九年法院判決確定。胞兄朱安泰也牽扯被判徒刑十年九個月重刑。都集中在二〇〇三年發生，由此可印證，從兜池外沿至下坡，即是兩年時間爆發出來，開始走下墜運，同時也見到那條來路，所以官司隨之而至。「長眼法」雖然以形勢為據，其實形勢有形象也有空間，形象主應感召善惡吉凶，空間主應時間長短緩急，故知一個形勢含容空間與時間。「長眼法」理論方法極其簡單易懂，臨至現場一切世事吉凶禍福，完全裸露呈現在眼前，絲毫沒有隱瞞，一目了然。當來到朱父墓園，靜觀其形不禁感慨，何其形而獨然焉，萬山遍野任君摘，何其意而情獨鍾？或許未得其解，但事出必有因，謹慎於始，終必無悔，不可誤人。

第十四節

夫妻離異的店面厝

住在台北市或更遠的人，及旅遊雜誌報導，日本觀光客也知道台北市永康街的「冰館」，以賣芒果冰聲名遠播。觀光客每到台北市永康商圈，有兩家小吃店非去不可，一是「冰館」，一是「鼎泰豐」，成為商圈特色。

（圖七十六）黃色招牌「永康15」原是「冰館」的店面，因經營者換人，所以更改了。店面內部不大，全做為工作空間，客人就在店面前櫃檯點芒果冰，左靠永康街邊擺兩、三張桌

（圖七十六）冰館的店面形勢

（圖七十七）龍邊帶路形勢

椅，供客人使用，夫婦倆就在這樣環境，賣芒果冰賣到出名。

（圖七十七）「冰館」所處之店面，以「長眼法」風水的觀點，其所處之店面叫做「龍邊帶路」的陽宅。所謂「龍邊帶路」，即是左龍邊臨馬路或巷道，過馬路巷道後還有房子，與「無龍邊厝」不同。「龍邊帶路」就因左龍邊被馬路巷道給截斷了，並非沒有龍邊。上圖「冰館」的龍邊臨永康街，所以「冰館」就叫做「龍邊帶路」的厝。

「冰館」的地理形勢，冰館右虎邊建築物屋頂，逐漸向右高起，屬右虎邊高形勢（請參閱圖七十六）。站在冰店門口往正前看，對面宅屋由右邊延伸超過明堂前，即是右虎邊長「虎過堂」形局。這樣形勢「長眼法」認為「冰館」主應由女主人主導經營，撐起一片天之象徵，男、女主人若能配合得宜，「冰館」經營一帆風順，大發利市，亦是好事一樁，可同享經營果實。然而冰館不但「龍邊帶路」，明堂前又有偏左的路沖，加上虎邊高又「虎過堂」，在生意上男主人人反成為配角，落得輕鬆而有機可趁，「龍邊帶路」因而硬把男主人摺倒，跌入女人懷抱，有了外遇。強勢女主人當然無法容忍，引爆夫妻之嫌隙，愛恨情仇的糾葛。

明堂前偏左的路沖（請參閱圖七十八），主應有訴訟之爭。夫婦倆也因「冰館」商標歸屬，雙方爭奪更為劇烈，甚至也牽扯上家人，最後只得訴之法庭以斷紛爭，官非油然而生。事情的表面看似是男人惹禍，其實以「長眼法」風水角度看，原因在於右虎邊長、高強，又「虎過堂」的地理形勢所造成。「龍邊帶路」主應男主人勢弱氣微，只好在外另覓對象，以舒抑鬱心情，最後導致「冰館」停業，夫妻離異，應驗了「虎過堂」「離散」之象徵。

（圖七十八）可見對屋越過大門口，形成「虎過堂」格局。又站在冰館門口正前方所見之形勢，最特殊是門口有吐唇，而吐唇由永康街形成，所以唇即是路，路即是唇，唇是召財，路沖宅，是為官司路，由發財而帶來訴訟，路沖與吐唇混合，財與官非相伴。冰館大發財利，最終因財產興訟，禍福與共，吉凶摻雜。類似形勢甚多，隨處可見，有人因辛勤經營事業累積財富，遷入所謂「豪宅」，唯不知如何選擇合適宅屋，導致屢出禍事，終至造成遺憾，真是可惜。

從上三幅圖照，得知右虎邊長且漸高起，左右龍虎邊相較，右虎邊強盛氣旺，女店主感應能力很強，有果斷力，工作績效良好，因此女人主導經營，生意得以發展。店面左臨街道，顯示龍邊勢弱氣短，男主人只居配合角色，由妻掌管打開生意發展之後，男店主趁有空向外偷閒，因此就會出事。

（圖七十八）冰館門口前堂形勢

男店主心中固然難受，總有無奈之感。但以「長眼法」觀察，左龍右虎地理型態違反大自然法則，以致受到形勢影響，男店主因而出軌，全是形勢之感應，無奈又能如何？

「冰館」的實例，顯示形勢優劣其所感應自然有吉凶，店前明堂吐唇自然帶財來，由於虎邊高又長，招財的人即是女店主，更因左龍邊帶路（永康街），感應男店主有桃花，引起女店主的不滿反彈，店前「虎過堂」格局，導致最後夫妻「離散」的結局，完全依照「長眼法」的大自然法則應驗，絲毫不爽。陽宅「龍邊帶路」，主應驗宅主有爛桃花，要知所迴避。但「冰館」享負盛名，累積財富之後，男店主人有了外遇，女主人可能努力忙於生意，疏於關愛丈夫，致使男人在外尋找女人。這「冰館」經歷十二年的經營，有豐厚之累積成果，女主人當然不會坐視丈夫外遇不管任其發展，結果雙方非但未得到合理解決，反而爭吵越演越烈，導致夫妻決裂，分割財產以斷情緣，最後更因「冰館」商標權爭奪，訴之法庭形同仇敵，相見格外眼紅，互不相讓，導致「冰館」因而停業，事件持續良久，也引發媒體大肆爭相報導，轟動一時，成為人盡皆知之社會新聞（引述今週刊 691 期報導）。

第十五節

百貨公司無龍邊頻易主

（圖七十九）原環亞百貨正面觀

「長眼法」重視「龍過堂」基本形勢外，對於左龍邊也一樣重視，再舉一個沒有左龍邊的百貨公司，來驗證實際發生的事故，是否也一樣令人憂心。位在台北市敦化北路與南京東路交叉路口的原「環亞百貨公司」。

（圖七十九）圖前棟是原環亞百貨公司，後面棟是環亞飯店。百貨公司面向南京東路，飯店面向敦化北路。

環亞百貨公司正門開在南京東路上，故

左龍邊即臨敦化北路。

（圖八十）環亞百貨面向南京東路，大門設在南京東路，整個百貨大樓臨貼南京東路面上，以南京東路大門口為準點，左龍邊即是敦化北路，依「長眼法」之原則，環亞百貨是大型建築物體，整體而論左龍邊臨敦化北路，即屬一棟「無龍邊厝」大樓，雖不當住宅使用而做為百貨公司，依然以「無龍邊厝」論述。

一九八〇年時代，由鴻順實業成立鴻源百貨，當時敦化北路商圈儼然是台北市高級時尚的代表區，曾經叱吒風雲，就因為左前方的南京東路體育館（現今小巨蛋前身）發生火災後，鴻源百貨相繼結束。一九八一年亞洲世界集團

（圖八十）環亞百貨左龍邊

（華僑回國投資的鄭周敏為代表），取得鴻源百貨的經營權，即更名為「環亞百貨」。就從此開始慢慢走下坡，經過二十年的經營，到了二〇〇一年亞洲世界集團發生財務危機，百貨公司於二〇〇一年因積欠銀行三百五十萬元台幣無力償還，當時亞信集團負責人鄭綿綿（鄭周敏的女兒），被法院認為有故意拖延不還，被下令管收，因而震驚舉債偏高之企業，之後集團緊急湊足始解除遭管收之厄運。當時全盛時期聲稱擁有千億元資產的亞洲世界集團，何以區區之三百五十萬元竟然無力償還，由於此一事件爆發，暴露整個集團財務危機之嚴重。之後導致最後之灘頭堡亞洲信託公司於二〇〇八年被金管會接管，由中央存保公司拍賣，而由英商渣打銀行得標，整個集團終告結束。據報載鄭綿綿曾出現在自己百貨臨時攤位買過季衣物，顯示生活之拮据，曾是大財團之公主，聰明伶俐，美麗大方，何以致此，人生際遇大起大落，令人徒嘆奈何。而環亞百貨則由於協力廠商相互協助，才不至於波及被法院拍賣。而期間由勤美集團旗下的璞真建設逐層收購買下地下兩層及地上七層，取得經營權於二〇〇九年六月十日正式將環亞百貨招牌拆下，讓環亞百貨正式走入歷史。（但勤美集團在二〇〇八年負責人何明憲因涉及購買台中廣三百貨以及金典酒店不良債權，而被台中地檢署懷疑涉嫌掏空勤美公司五十億元，於二〇〇八年七月三十一日起訴並曾申請收押，此案於二〇一一年十二月二日被台南地方法院判獲無罪。）更名為「勤美環亞百貨」，可能是因勤美集團負責人何明憲，涉及收購不良債權案爆發，深恐加深檢調的誤解，於二〇〇九年八月璞真建設出售勤美環亞百貨經營權給富邦媒體科技（富邦集團旗下公司）。富邦科技取得經營後於二〇一〇年一月更名為「MOMO百貨」，於同年十月六日「MOMO百貨」正式開幕。富邦媒體科技公司為購物網，由虛擬商店進入實體商店第一步，但在二〇一三年八月十六日富邦媒體科技評估實體商店競爭劇烈，環亞規模太小，宣布正式退出實體商店的經營。而由微風廣場接手，於二〇一三年九月一日MOMO百貨更名為「微風南京」，成為微風廣場第四個據點。

從民國六十年代末期的鴻源百貨籌設開始，環亞百貨二十年的慘澹經營，終歸結束。勤美環亞百貨，因集團涉訟短時即換主，富邦集團嘗試一下發覺不對也收手，輪到熟稔百貨業的微風廣場，已經五次更迭，歷時三十多年。這說明即使大財團進駐經營，也頻頻換手，顯現這棟大型建築宅體，處在面向南京東路，左龍邊是敦化北路，由於路相當的寬廣，這樣的地理風水格局，就是「長眼法」所說的「無龍邊厝」。

據瞭解當時左前方的台北體育館（現今小巨蛋前身），因鴻源公司舉辦會員大會（被認定違法吸金的老鼠會）活動不慎引發一場大火，將體育館燒毀。「無龍邊厝」以環亞百貨的經歷來檢視，以當時號稱擁有千億資力的歸國華僑亞洲世界集團，經過二十的經營最後走到結束的命運，而後接下來的本國財團，仍舊無法突破風水格局的牽制，可見地球自轉所帶引偏右旋的自然力量，則非人力所能改變的，而其無形的影響是無時無所不在的。

企業集團如同人之命運，時起時落，永無定時，今日滿臉春風，哪知明日憂愁滿面？吾人固然不知前因，而從地理形勢而論，則所使用之陽宅，無論大小建築宅體，皆要受風水格局的影響，這個力量來源是地球自轉的自然力量，萬物皆要受其影響，沒有人能抵禦的，要趨吉避凶不知這自然的現象，而知所因應選擇，將會徒勞無功鎩羽而歸。

第十六節

丁字路官非訟事不斷

前例談到左龍邊帶路，宅主會有外遇的事情，嚴重的話會因而爭訟。假如路在宅的前方而直沖過來，應有怎麼樣的感應呢？接下來就舉個丁字路的陽宅。大多數的人都知道路沖的房子不好，到底會有怎樣的應驗？各人所說的可能不太一樣，以「長眼法」的觀點來談，就顯得明確。「長眼法」指出陰陽兩宅，宅前有路直來，沖向宅前門口會招惹「訴訟官非」。到底真的會有如此的感應嗎？現在舉一實例來驗證。

本案的陽宅就是這間路沖的樓房，為某一家上櫃公司的營業處所（請參閱圖八十一），創辦人某甲是筆者三十年的老友，某甲於民國七十六年在新竹縣芎林鄉五龍村，剛買定一塊空地要建造工廠時，就邀筆者為他戡定工廠大門的位置。工廠地是長方形，一面靠山，一面靠溪，小溪旁有一條產業道路，地面兩頭有微微高低落差，當時筆者毫不猶疑地告訴老友說：「大門就設在微高處，大門口前還要留一塊較大的空地，一面做為將來卡車進出及迴轉的空間，其實主要目的是使大門口有『吐唇』，前高後低有『兜收』，『坐空朝滿』的格局。」老友完全照辦，後來這家生產混凝土管材工廠，自認屬夕陽工業，竟然也上櫃了。工廠主要是製造各式混凝土管材，公司負責銷售及承攬管材承裝導水管工程等業務。

（圖八十一）正對道路白色大樓的二樓，是公司營業辦公地點。大樓所處的位置是個丁字路口。這家公司遷來之後，發生好多訴訟案件，舉幾件較大的事來說明。

首先，是台中地檢署調查，股市名嘴張世傑

（圖八十一）丁字路的陽宅

連環爆，根據櫃買中心提供老友的公司證券分析報告發現，公司股價在民國九十二年十月到九十三年六月、九十三年十月到九十四年六月兩波段，出現股票交易異常情況。檢方查出其中一派炒股勢力來自以老友為首及財務長、稽核的公司派，找到曾任證券公司營業員的張嘉元配合，利用人頭戶委託買賣而交對成交，股票異常買賣成交量最高達五成以上，製造交易量大、股價上揚的假象，從中獲利兩千五百九十五萬元。另市場派的前誠泰投顧公司總經理許書豪、威昇開發公司負責人陳貴光，也鎖定老友公司炒股，陳在十八天交易日中，獲利一億一千多萬元。檢方指出老友等人違反證交法，規定不得有意圖拉高或壓低集中交易市場某種有價證券的交易價格，認為老友等人所為明顯已經觸法，即予以起訴。

其次，上櫃前併購了一家營造廠，所以這家混凝土水管公司也可參與投標各種工程。時間追溯到民國九十五年間參與嘉義縣政府，舉辦民雄鄉污水下水道工程投標案，該投標案於九十六年四月十六日公告招標，當時縣長陳明文核定工程底價新台幣六億五千四百萬元後，該公司負責人即老友某甲，在縣長台北寓所見面後涉嫌透露底價，某甲即打電話回公司修改投標金額，兩天之後以低於底價二十萬元得標。因此，縣長被嘉義地檢署懷疑洩漏底標圖利廠商，於九十七年十月三日間指揮調查局嘉義調查站，分路搜索縣長辦室、縣長公館、縣水利處等九處地點，並傳喚縣長及老友某甲等八人到案，後來老友因而被地檢署申請拘押獲准被關了五十三天，公司因此股價大跌，深受影響。之後以一百五十萬元交保，老友與縣長陳明文及水利處長陳殿寶等三人被檢方起訴。

再次，據《壹週刊》報導，彰化縣長卓伯元因高爾夫球協會副會長邱順鐘，申請彰農高爾夫球場審議案爭取過關，向週刊爆料，稱卓伯元透過白手套老友某甲索賄，連帶爆出老友的公司承包彰化縣府四十多億的工程，縣長澄清：「在任內，老友公司未承包過任何工程。」老友也出來說明「只在公司辦公室與邱某見過一次面，並非週刊爆料的四次，也因為球場坡度太高不合法，就回絕了。」這是無故被牽扯。

另外，老友告訴筆者，桃園機場到台北市的捷運，原計畫以 BOT 方式進行籌建，後因招商不成，改由交通部高公局自行發包，統包是由日商丸紅商社標得，老友的公司是日商的下分包，承攬了捷運的保養廠工程，工程按承攬契約施工，並有限期完工的約束，

（圖八十二）丁字路公司

老友公司工程依進度施工，但工程款已累積了二十億元，日商丸紅商社藉故要求更改施工，而老友的公司反過來先要求丸紅變更計畫，並應依變更部分追加預算，日商丸紅遲未進行，因而拖延工程款，這期間曾有好幾次的協商皆未果。工程款無端被積壓拖延，嚴重影響公司財務調度運用，好在老友的公司還撐得住，沒有受太大的影響。

（圖八十二）是將鏡頭拉近，可清楚看見丁字路正沖這棟大樓的大門口，公司辦公室就在二樓整層。老友認為大樓門口上方是電梯間及共公走道，辦公室在二樓

（圖八十三）丁字路門前圍籬

的兩邊，應該沒有路沖的問題。

（圖八十三）路沖大樓門前的圍籬樹，原來在花台上只種了矮花叢，若用來阻擋路沖太低了，經筆者建議改種高的樹籬，幾乎可將大樓的門全給擋住。

時間在民國一〇〇年九月間在偶然機會到了老友的公司，才發現公司的大樓竟然是個丁字路的房子，因為與老友各忙各的，已經很多年沒聯絡，後來老友邀請參加每週日的登山會，才陸陸續續知道上述老友的狀況。知道老友所發生的種種事，又眼見公司路沖，當然會招來這麼多的訟事官司，心想民國七十六年老友要設廠時，都已經告訴他最好的方法，現在怎麼忍心不說呢？筆者自動告訴老友：「一樓的大門口要種高的圍籬樹，把門口與路隔離起來。」老友回答：「花台已有種了。」又告訴他：「你種的是花，不是樹，高度不夠，沒有作用，而且最少要一個人高以上的樹。」後來很快就換了高的圍籬樹（請參閱圖八十三），時間約在民國一〇一年七月間。原本他以為聽從別人的建議花台上種花叢就可以了，我說如果有作用，就不會發生這麼多的訟事官司，後來就認同了。

大門口換了高樹阻隔了直沖之後，應該兩、三個月之後，首先是日商丸紅的工程有了初步的解決，先撥付七億元，其餘待工程契約協調後續付。接著在民國一〇一年十月八日嘉義地方法院判決陳明文涉嫌洩露工程底價給老友案牽扯的官非，以證據力不足，全部獲判無罪。被《壹週刊》爆料當卓伯元白手套案也未再有後續的發展，就此打住，自然銷聲。涉嫌炒股案也判決不成立無罪。

從本案例發生的事實，可見路沖的丁字路，的確招惹是非、訟事、官非很嚴重，「長眼法」不僅說得最明白，而且還可從中判斷官司會被判多久的徒刑。

第十七節

四面溜高樓招意外之禍

台新金控大樓位於台北市仁愛路與敦化南路交會大圓環邊沿，是之前財神酒店原址。久居台北市人皆知，在六十年代晚期財神酒店為當時名人宴客及好友約會之最佳場所，財神酒店曾風光一時，令人有美好記憶。唯因酒店經營者挪用資金，

（圖八十四）台新金控大樓之面觀

致使獲利甚豐之酒店，因而陷入財務週轉不靈，於西元一九八二年停業，致使酒店閒置二十年，直至西元二〇〇二年由台新金控公司，以新台幣四十五億元標購，拆除重新建築成為台新金控大樓（請參閱圖八十四）。

（圖八十四）是台新金控公司在財神酒店原址改建新的大樓，在大圓環的外邊沿上，圓環處在仁愛路與敦化南路交會處，汽車、摩托車流量非常之大。

台新金控大樓是委由國際知名貝聿銘建築師事務所，資深建築師負責設計，所提出的建築概念，內部以重疊之圓形，擷取七個圓各自之弧形組合而成，外觀以玻璃帷幕打造，類似一個略微偏斜之心形，建築師詮釋：「就像一本打開的書一樣，書的兩端連接在一起，線條像一顆晶瑩的水滴，也像天上的一朵雲般流暢。」據說當時建築師向吳董事長提出藍圖報告時，與吳東亮同行的風水行家，當場就覺得：「百分之一百二十的完美。」讓吳董事長願意花二十億元，等著建築大師為台新金打造，地下六層地上二十四層一棟國際級之地標。整棟建築沒有樑柱，站在任一點視角都是三六〇度，可穿過玻璃帷幕看盡街景，尤其董事長頂樓辦公室，能俯瞰仁愛路圓環周圍街景，吳董事長非常滿意。

西元二〇〇六年三月二十三日遷入新大樓，成為台新金控營運總部。回顧一下喬遷之後，公司所發生之大事件：二〇〇五年遇到彰化銀行發行海外存託憑證（GDR）籌措資金，彌補當時約有六百億元呆帳，後因發行失敗，改以特別股方式釋出官股股權，當局還指示兆豐金控配合陪標，台新金控同年七月以每股二十六、一二元（當時彰銀訂定底標價十七、九八元）標下，溢價百分四十五總標價三百六十五億元取得百分之二十二、五彰銀股權，成為最大之股東。若無意外，以市場機制，企業進行併購是單純商業行為，確實幫助彰銀二〇〇六年打掉呆帳，獲利了一百一十三億元。但此併購案橫生枝節，遭遇挫折。首先，彰銀工會出來反對，認為彰銀是個能賺錢銀行，又恐併購後人事不穩定，然因台新金在彰銀董事會佔多數又有官股支持，工會無法阻止併購進行，只好上街請願擴大社會關注，民股則推舉當時具有立法委員身分的董事，加強抗爭聲勢並向相關單位舉發。

接著二〇〇八年總統大選後由國民黨執政，二〇〇九年一月行政院公布陳水扁政府

「二次金改檢討報告」，點名「台新金控轉投資彰銀，台新金控負責比率偏高」、「投標前未事先提轉投資申請」。時值最高檢察署特偵組偵辦二次金改案，台新金轉投資彰銀過程，發現一億元進扁家疑涉及不法，二〇一〇年二月五日特偵組指揮檢調，兵分十一路全面搜索台新金控總部及吳東亮住家等處所，將吳東亮列為行賄被告，這是第一個被列為貪污案被告金控業者。

台新金自身內部也有百億元雙卡卡債困擾，又遇到強勢彰銀工會眼見彰銀起死回生之後，開始覺得一家獲利優異百年老店，而台新金只是個深受雙卡卡債風暴且高負責比之二流銀行，根本不配併購彰銀；然後社會情勢一變，民眾開始覺得金改只是圖利財團，配合媒體炒作，因而幾乎一夕之間豬羊變色，併購進行只得暫緩。但台新金願出高價標購股權，是因合併後台新金以一個新成立小銀行，一躍可成為國內合併資產規模排名第二大金控公司。從聳立矗兀台新金控大樓，欲與仁愛路國泰金、富邦金中心大樓三足鼎立成為金三角，吳東亮之企圖心顯露無遺。無奈事與願違，二〇〇八年一月十六日台新金控臨時董事會，通過撤銷二〇〇七年十二月二十七日給彰銀一比一、三換股條件，紛擾多時併購案，再次宣布暫緩。其實台新金有雙卡呆帳壓力，從原本金控資優生一下子變成金控之後段班，換股比率不但財政部不認同，連入股之美商新僑都自知「現今實力不足」，又有當時「揭弊天王」邱毅立法委員進入董事會，難免併購案變成揭弊來源。

台新金併購彰銀支付三百六十五億資金就被卡住，併購未成反因而發生財務資金調度困難，導致不得以出售台證證券公司，並向外私募資金，美商新僑集團、日商野村集團、美國索羅斯基金集團先後入股投資，才得以度過財務難關。台新金併購彰銀案至今仍是個尚未得到合理解決之懸案。非但如此，很不幸於二〇一一年八月十一日驚聞台新金控總經理林克孝喜愛登山，登宜蘭南澳山區意外墜落二百公尺之深谷，隔日尋獲已無生命跡象。二〇〇七年以四十七歲成為金控業最年輕總經理，二〇一一年才五十一歲英年早逝，莫非天妒英才，令人惋惜。

依據TVBS新聞台二〇一三年一月三日報導，新光三越百貨聯名卡每年的商機高達百億元，十三年來三越聯名卡業務一直是台新銀獨家，現在新光銀（負責人吳東進）突然殺出來，說今年二月要發行聯名卡了，雖然說是搶攻「還沒有辦卡的族群」，但必定瓜分市場，吳東進等了七年終於熬成婆，發布這項消息，但弟弟吳東亮的台新金，晚上卻發聲明書指責，強調新光金以信義A8站前大樓租約到期為手段強迫新光三越簽約，深表遺憾。台新金跳腳，集團兄弟砲火對自家人，兄弟間的齟齬又添一樁。

二〇一三年六月二十二日台新金股東會上，股東臨時動議通過授權董事長吳東亮重啟與彰銀合併案，隨即在彰銀例行常董會上提案通過「成立與台新金整併研究小組」進行整併的推動，但是仍然遭到財政部張部長態度強硬表示，金管會不會同意惡性併購，財政部已去函金管會，將捍衛國家和全民的利益，絕對不會因台新金投資新台幣三百多億元，就讓它取得彰銀一、七兆元的資產。金管會副主委也強調，若非合意的併購，未來公司治理也會出現問題，目前金管會還希望台新金和財政部多溝通，為全體股東權益、員工、客戶以及健全經營多做考量。最後金管會則指出，不論金融法或合併法，併購案必須在董事會通過後，於股東會做成決議，這是基本程序要件，在這些程序都尚未走完下，案件不會送到金管會，也因此，金管會目前不會也不宜對彰銀案發表意見。台新金再度啟動合併案，似乎又碰到相關單位的反對，再次受阻。

以「長眼法」風水觀點，首先，就大樓外形言之，依原設計者銓釋設計理念：「是像一本打開的書，書的兩端連接一起，線條像一顆晶瑩的水滴，也像天上的一朵雲般流暢。」聽起來很美，也很有創意，但從正面看卻是一棟非方亦非圓之建築物體，既無右虎也無左龍，以圍衛護氣，也與左右不協調而突兀之高樓，從後坐觀之猶如一座巨型煙囪（請參閱圖八十五）。

（圖八十五）台新金控大樓背面照

次者，大樓坐落在圓環外邊沿，圓環有如巨大的車輪，汽機車不停行駛，似個大車輪日月轉動，所產生之離心力向外四射，處在圓環外圍的大樓，接納的皆是反弓之氣（請參閱圖八十六）。整體而言，像是一座大煙囪，四面溜的

（圖八十六）台新金大門口形勢

大樓。這種大樓既無左右護龍，毫無阻攔，更無明堂，則砂飛水走，風煞極大，處於高處，何堪受其寒。所謂「風水」，即要能「藏風納氣」，既無左右護龍而孤立突兀，而門口所納之水為反弓之水，是故宅所乘之氣，遇風則散，水因形反則去。「長眼法」叫做「四面溜」的陽宅。

（圖八十六）台新金控大樓處在圓環外邊沿，大門口面對反弓形勢，接納的是反弓之氣。

四面溜的陽宅，「長眼法」認為是最下等的。就以台新金控遷入之後，所發生的重大事情即可明瞭，住在這個不

「藏風納氣」的大樓，不順遂的事就重了。如前所述，兄弟間的不睦，公司業務互相傾軋，甚至怒目以對令長輩憂心。尤其因併購彰銀案而涉及行賄問題，被最高檢查署特偵組大舉搜索調查。併購案過於勉強，一度引發財務困難。再度啟動懸而未解併購案，又遭受到財政部的拒絕。這件事應是台新金控最重大的煩惱。筆者認為不僅單純陽宅的問題，可能涉及祖墳，想像吳火獅的墳塚，必然也是個高的墓形，否則，無以致之。

第十八節

台北一〇一大樓的魔咒

由於近代商業發展往都會區聚集，人口稠密促成高樓建築，大大改變傳統型態，甚至形成高樓建築競賽。依據二〇一一年六月十日新聞報導，二〇一一年中國摩天城市排行榜，香港五十八棟，上海五十一棟，深圳四十六棟，未來三年內中國大陸每五天落成一棟，五年後將超過八百棟，為目前美國的四倍。僅就中國大陸高樓建築速度實在驚人。

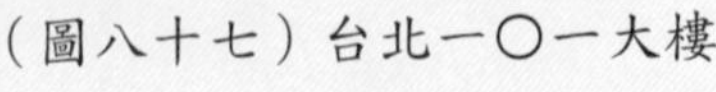

（圖八十七）台北一〇一大樓

台灣高樓建築也在逐漸增加，目前最高之台北市一〇一層超高大樓，樓高五百零九、二公尺，二〇〇四年十二月三十一日完工啟用，直至二〇一〇年一月四日止，為世界第一高樓（請參閱圖八十七）。現為台北市最重要地標，招引甚多觀光客，也因大樓引起世界注目，無形中把台灣推向更高知名度。

台北一〇一大樓第一任的董事長陳敏薰小姐，她的父親陳重義先生，為台灣花式紡紗廠理隆纖維公司的董事長，理隆以紡織及窯業起家，發跡於台北大稻埕，陳重義是第二代接班人，在本業營運穩定的情況下，將投資伸向金融及高科技，其中中華開發工業銀行，即是理隆公司陳家重要投資之一。之後理隆公司取得中華開發董事席位，陳重義即指派陳敏薰擔任董事。

陳敏薰自二〇〇四年到二〇〇八年擔任一〇一大樓董事長，原由於爭取開發金控董座失利，曾親送一千萬元滙票給陳水扁總統夫人吳淑珍，希望退而求其次，到大華證券公司擔任董事長。後來夫人透過電話告訴她：「大華證券不成，那就一〇一大樓也不錯。」最高檢查署特偵組就根據這段證詞，認定扁珍賣官。事後陳敏薰卻翻供否認買官，沒想到案件起訴到法院後，陳敏薰以證人身分出庭，卻因翻供否認花錢買官，吃上偽證官司，台北地方法院重判她有期徒刑一年六個月。上訴高等法院獲改判八個月，但仍要坐牢，於是再上訴最高法院發回更審，更一審開庭時陳敏薰還淚灑法庭認錯。更一審宣判考量她已認罪悔改，二〇一二年六月十三日改判有期徒刑十個月但緩刑三年，緩刑條件須服社會勞動一百六十小時。全案還可上訴。從二〇〇八年十二月開始至二〇一二年六月止已纏訟四年。

陳敏薰於二〇〇八年十二月二十七日辭去董事長之後，由當時任副董事長的林鴻明先生接替代理董事長一職，直到二〇〇九年十月起董監改選後正式接任。林鴻明為台灣知名企業家，宏國關係事業創辦人林堉琪，與宏國建設公司、前大成報董事長、德霖技術學院董事長林謝罕見之子，生於新北市三重區，為台灣媒體所稱「三重幫」的第二代。林鴻明進入一〇一大樓之前，就一直是宏國集團的重要角色，在擔任副董事長時，因集團事業過度擴張，遇到世界性經濟不景氣，財務調度出現問題，目睹了集團遭到接管的事件。自一九九九年林鴻明即已開始投入打造台北一〇一的計畫，終於在二〇〇四年十二月二十七日，與四十三國的建築師共同見證大樓的落成。這座世界第一高樓可說是由林鴻明催生而成的。

可是在二〇一二年九月二十八日，爆發了林鴻明涉嫌於十三年前，主導將集團上市公司金尚昌公司（設在一〇一大樓第六十九樓）的淡水土地，抵押給集團的中聯信託，貸得十八億元後不還錢，中聯信託將土地列為不良債權出售，林被疑成立人頭公司以十二億元買回價值十八億元的土地，然後與建商蓋毫宅。除原十八億元貸款流向不明外，且造成中聯損失六億元，最後林又被疑自蓋屋獲利六億元匯往海外，涉案金額達三十億元。經台北地檢署傳訊到案，林否認有不法，但被收押禁見。二〇一三年一月二十四日移送法院被檢方求刑十二年，法院合議裁定以一億元交保並限制出境，且每週三、六需到管轄派出報到。

二〇一二年十二月七日一〇一大樓召開臨時股東會與董監事改選，董事長由公股代表宋文琪女士獲選出任，頂新集團代表魏應交先生續任副董事長，並兼任執行長一職。頂新集團二〇〇九年入主後成為最大單一民股，佔百分之三十七，泛公股佔百分之四十四。除魏應交還有魏應充也是董事，頂新集團擁有二席董事。

頂新集團從二〇〇九年入主台北一〇一大樓，於二〇一二年十一月六日遭檢調分別在北、中、南多路並進，搜索頂新集團旗下的味全食品及製油廠，震撼業界。由大統公司引發食油風暴發生假油事件，有如滾雪球般的連環爆，味全公司也牽扯其中，屏東地檢署兵分二路搜索頂新屏東、彰化廠，台北地檢署在高檢署協調下，指揮市調處赴台北總公司搜索。

檢方指出，頂新集團所屬的頂新製油早自民國九十七年起即向大統公司陸續購買摻「銅葉綠素」的橄欖油和葡萄籽油達三百八十六、四噸，部分油品調和加工改換味全標章出售，但味全卻在油安爆發後簽下切結書，保證絕無使用大統長基油品，已涉嫌詐欺罪嫌。辦案人員說，味全不僅隱瞞長期向大統長基購買油品的事實，其中標榜百分之百的「味全健康廚房橄欖油」（一、五L）不但是調和油，更是直接從大統油分裝販售，換個包裝和標籤低買高賣牟利，同樣有詐欺之嫌。檢調估算，頂新製油向大統長基以每公升約一百元低價購入假「純橄欖油」原料，分裝後改貼「味全健康廚房橄欖油」品名，再以每公升三百零四元直接上市，價差近兩百元，六年來以此手法獲利保守估計達一億四千萬元。而且「味全健康廚房橄欖油」生產地標示為西班牙，同樣有詐欺消費者之虞。衛福部公布，頂新代工味全部分油使用大統橄欖油，包括健康廚房葡萄籽油等高達二十一種品項。

檢調指出，味全食品以低於市價購買油充當自家產品販賣賺取差價，甚至標示不實產地，事後還簽署不實切結書，一連串行為都有詐欺、偽造文書之嫌。董事長魏應充與總經理張教華多年來不可能毫無所知，因此依詐欺罪嫌疑人約談到案，持續擴大偵辦（以上引用二〇一三年十一月七日中時電子報的報導）。

又據最近一期的《壹週刊》報導，慈濟幾款委託味全代工的香積麵，因黑心油品風波下架，由於味全董事長魏應充為慈濟弟子，還身兼慈濟人道救援食品組召集人，報導提及，證嚴上人對此事關切，曾主動聯絡魏應充，後來對旁人說：「事業不要做那麼大。」被外界解讀是證嚴上人難得對弟子動怒。但慈濟發言人何日生澄清媒體報導，稱上人雖與魏應充通過電話，但並沒外界所傳發怒，只是關心弟子情況。也表示外傳上人說過「事業不要做那麼大」。一切都是訛傳，無從查證，但上人曾向魏應充告誡，要多投入慈善事業，做對社會正面的事情。《壹週刊》還引魏家友人說法，指這場風暴讓熱衷慈濟公益的魏應充，整個人像洩了氣的皮球，甚至懷疑「是不是我做的（善事）還不夠，老天爺才要這樣懲罰我？」這一次由大統公司引發的食油風暴，牽扯到多家的食品行業，而食品界最先上市老牌知名的味全公司，在頂新集團入主掌控經營權後，未料也捲入風暴的漩渦，未來不知如何善了，仍在未定之天。

回顧台北一〇一大樓第一任董事長陳敏薰因涉嫌行賄而被判徒刑八個月，緩刑三年。而第二任林鴻明則因涉嫌掏空金尚昌公司，被檢方起訴，以一億元交保而尚在訴訟中。這次的食油風暴頂新集團魏應充也同樣以一千萬交保候傳，這場官非不知要纏訟多久沒有人知道，但已經大大打擊了魏家兄弟，味全、頂新商譽也已經受到損害。到目前為止，擔任一〇一大樓的董事長第一、二任皆涉訟，而魏家的魏應交只是副董事長，但他兼任執行長一職，魏應充只任董事，第三任董事長於二〇一二年十二月七日改選後，擁有二席董事的頂新集團旗下味全及頂新、正義製油，於二〇一三就出事了。味全及頂新、正義製油於一年之內，連續爆發涉嫌黑心油事件，二〇一三年十月涉油含銅葉綠素，二〇一四年九月涉用餿水油，二〇一四年涉用飼料油，一年連三爆食安問題，引起全民公憤。銅葉綠素案魏應充列詐欺被告，其餘二案均在調查中，魏應充至截稿為止，被檢方申請拘押禁見，繼續調查中。被判刑的機率很高，刑責難免。魏應充、魏應交入主一〇一大樓之後風波不斷。可見一〇一大樓的魔咒還真的很難擺脫。

不只最近的台北一〇一大樓，往前推到約二十年前高雄的長谷世貿聯合國，也曾經一度號稱全國第一高樓，但業主到哪裡去了？樓價更是跌落到每坪十萬元以下。台北站前新光摩天大樓，也取得第一高樓桂冠，但新光人壽似乎從此不那麼穩固，兄弟不睦，滋生風波。高雄八十五層大樓（一九九七年）和台北一〇一大樓（二〇〇四年）相繼落成，但八十五層大樓已經淪為法拍市場的常客，一〇一大樓雖然擺脫早期的高空置率，營運漸趨穩定，但前二任董座涉及官非。就連台北雙子星大樓，雖不會是全國最高，它只是以五十六與七十六層鶴立雞群之姿，加上樓地板面積大於一〇一的一、五倍，在籌建期間，就引發市府官員及民代涉嫌污弊，而被拘押調查。看來摩天大樓的魔咒，還真

（圖八十八）台北一〇一大樓夜景

令人不能不信！

誰都說不準到底摩天大樓的魔咒從何而來，就連風水專家的說法也很難令人信服，但以「長眼法」的觀點那就太容易了。「長眼法」的理論依據，地球自轉體系所牽引的偏右旋力，需要有左龍環抱右虎才能蓄氣於明堂，超高的摩天大樓變成高而瘦峭，形如尖塔，台北一〇一大樓外形看起來就是一座不折不扣的尖塔，筆者認為是姜太公神像手持的「九節打神鞭」，神鞭從底座算起共有九節，設計者李祖原建築師應該由於「九節打神鞭」引發靈感，將一〇一大樓設計與「九節打神鞭」一模一樣的造型，把一〇一大樓變為有鎮煞作用的建築物體，是個智慧的抉擇，因為曾是刑場的信義計畫區，尤其君悅大飯店，有太多的冤魂，需要姜太公的神鞭制煞。

由於外觀是尖塔型，完全沒有左龍與右虎，更談不上有明堂了，是個「四面溜」的高塔（請參閱圖八十七、八十八）。無明堂求財難如願，沒有左龍邊，宅主是董事長、長子是總經理，就免不了災禍。

又從另一角度觀察，發現在大樓西北角，國父紀念館東南方斜飛獸頭屋簷，飛向一〇一大樓正好命中。凡有飛簷走獸屋簷對射，宅主不免有災禍或意外發生。

實際瞭解台北一〇一大樓，自二〇〇四年竣工後，依據二〇〇八年二月二十七日東森新聞報導，營運四年結果賠掉資本額兩百四十五億元之半，因此先減資七十八億元，第一階段再增資二十七億元，因而原始股東大多更換，可見沒有明堂先失財，沒有左龍邊董事長、總經理就豪「賭」一場違法亂紀的大案，災禍自然纏身。

（圖八十九）國父紀念館獸頭屋簷

第十九節 虎邊高塔之禍

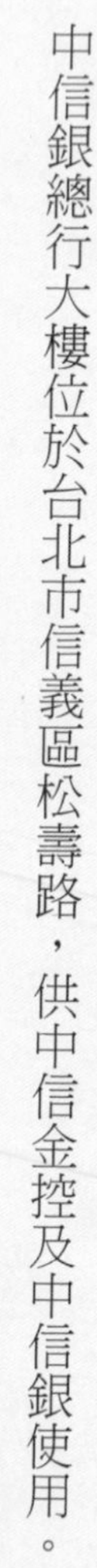

中信銀總行大樓位於台北市信義區松壽路，供中信金控及中信銀使用。

（圖九十）中信銀總行大樓

中信銀大樓於西元二〇〇六年竣工啟用，較之右前方一〇一大樓（二〇〇四年）晚兩年。中信金控集團進駐新大樓之後，回顧過往可謂禍事連連。辜家長子辜仲諒先生為中信集團事業代表，因此整個爭端事件成為主角。一九九一年辜大少（二十七歲）

從美國賓州大學華頓商學院畢業，隔年被父親召回承接家業，不料見到當時在公司任職之羅惠玲小姐（二十歲），一見鍾情即陷入熱戀，瞞著父母窩藏在日本金屋藏嬌，私訂終身，兩年後有了孩子，生米煮成熟飯，讓乃父不得不接受承認這門媳婦，可是羅惠玲只有高中畢業，家庭背景懸殊太大，門不當戶不對，進門後一般認為應當麻雀變鳳凰，在豪門深院享受令人羨慕的貴婦生活，可是這隻麻雀卻變不了鳳凰，羅惠玲適應不良，轉換不了身分，始終得不到公婆認同，導致憂鬱症發。二〇〇二年曾因服用安眠藥、鎮定劑被送往和信醫院。二〇〇四年底曾傳出意圖攜子尋短，事態嚴重。辜仲諒接受醫生建議，將太太帶往美國洛杉磯靜養，並邀娘家人照顧，又將兩個小孩送往日本上學，他則三地往返當空中飛人。

在台灣辜仲諒掌控中信金控公司，正值當時陳水扁總統推動二次金改政策，為擴充規模因而假借資本額一美元的紅火公司輾轉買進兆豐金股票，欲併購擁有兩兆元資產之兆豐金控公司。以小併大必當透過管道疏通，因而牽扯第一家庭女主人吳淑珍女士。二〇〇六年爆發涉及重大不法之「紅火案」，辜仲諒藉詞照顧小孩滯留日本兩年，變成通緝要犯。其後又爆出與錢姓女秘書生下一女事件，使得辜仲諒陷入家庭與事業極度紛亂，與很難擺脫之訴訟，打不完之官司。之後返回台灣即遭受法院限制出境，因涉及六起官司辭去所有職務，東森新聞二〇〇九年八月五日報導稱：「據週刊爆料，為了復出商場，希望家業重新分配，和弟弟辜仲瑩喬不攏，兩兄弟為了爭產撕破臉。腦筋動到中國人壽、中嘉網路、緯來電視等家族事業上，兄弟倆吵翻天，驚動母親說重話，要辜仲瑩給長輩面子，讓出來。」

辜仲諒為解決家庭問題透過律師開出三億元加上士林房屋一棟，做為協議離婚條件，後來加到十億元，離婚書羅惠玲尚未簽字。從中信集團辜仲諒引發事件牽扯四個女人，指出離不了女性關係，而牽扯之女性地位竟高及當時第一夫人吳淑珍，實在玄妙。二〇一〇年十月十八日台北地方院宣判辜仲諒紅火案：「應執行有期徒刑九年」。

約略陳述辜家之大事，意在說明中信金集團遷入松壽路大樓營運，所引發之事件，何以皆為禍事？「長眼法」仍以一貫立場，依中信銀大樓所處之地理形勢，以獨具之眼力審視。首先就大樓整體外形看，它是一座平頭直身，肅立於松壽路的長方形大樓，面寬而臨路，而右前方之一〇一大樓，如尖塔高聳矗立（請參閱圖九十一）。

（圖九十一）為台北一〇一大樓，位於中信大樓右前方之虎邊上，「長眼法」地理形勢強調龍邊宜高，虎邊要相對的低，而中信銀大樓右虎邊有一〇一大樓矗立筆直特高，顯示右虎特強，明堂前形勢左右失衡，一〇一高樓猶如巨塔高聳雲霄，名副其實之右虎抬頭，故虎威力量甚大。再者，「長眼法」認為右虎象徵女性，故女人在中信金事件中扮演重要角色，如辜仲諒牽扯當時第一夫人吳淑珍、妻子羅惠玲、錢姓女秘書，甚至辜之母親亦受牽扯。三者，「長眼法」空間時間觀，立於中信銀大樓門口，觀看右虎之一〇一大樓，沒有距離，故遷入之後即刻發生威力，事件因女人而涉訟，而且事態嚴重，致使辜仲諒當時成為逃犯潛渡日本而不敢回

（圖九十一）
位於中信大樓虎邊之一〇一大樓

台。此非巧合，純屬風水地理形勢所造成。四者，大樓之左前龍邊上，建有一水池（請參閱圖九十二），只能當作造景美化環境而已，若要起風水作用，完全沒有意義，因為擺錯位置了，若能擺對方位，作用必然會有的，水可以化煞。（圖九十二）為中信銀大樓左龍邊上之水池，因為設置方位錯了，起不了作用。

中信銀大樓自二〇〇六年遷入至二〇一三年止，只短短七年，即於二〇一三年九月二十五日董事會決議，擬將大樓出售。理由是位於南港之新大樓將於二〇一四年完工啟用。由此可得知中信金採一走了之，把燙手山芋丟給別人，印證「長眼法」之風水驗證準確。

（圖九十二）中信銀大樓左前之水池

第二十節

一家遵循長眼法的公司

本章一開始就舉個「龍過堂」的店面厝，雖是小店不要小看它，其生意非常的好，賣粉圓冰，是可以累積財富的。常常聽老一輩的人說，世上最好賺的生意第一是賣冰的，冰是由水結成，成本很低。第二是當醫生的，說多少錢就多少錢，沒有講價的餘地。東區粉圓冰店不但好賺，更由於是個「龍過堂」的風水形局，才能維持長久不衰，而且價錢從三十元賣到目前六十元，越賣越貴仍然生意鼎盛，可惜別無分號，只此一家，若不貪心，一家也夠讓店主這一輩子生活永不匱乏了。最後舉個由一店拓展至數百多家店，由台灣推廣到國外，再由國外返回台灣，發行 TDR 股票上櫃，大發利市而成驟富的「85 度 C」來做為本章的結尾。

「85 度 C」是台灣一家本土連鎖咖啡店，於二〇〇三年由台中人吳政學先生一手創立，以販賣咖啡、蛋糕為主，公司名稱為「美食達人股份有限公司」，品牌取名為「85度C」，之所以取這個名稱，創辦人認為咖啡在攝氏八十五度時喝起來最香最好喝。二〇〇三年成立85度C咖啡蛋糕烘焙事業部，二〇〇四年才在新北市永和區保平路開設第一家直營店，同年即開放了加盟店。二〇〇七年上海第一家門市開幕。二〇〇八年美國第一家門市接著開設。「85度C」咖啡蛋糕專賣店自二〇〇四年到二〇〇五年十二月止，兩年時間開創了九十一家門市，並且創下所有門市店均成功獲利的紀錄，於二〇〇五年榮獲YAHOO奇摩票選十大咖啡連鎖加盟店總部第一名，成功打敗星巴克咖啡。同年也榮獲全國第一消費品牌獎、全國頂級金禧獎、全國十大優質商品金獎等。二〇〇六年銷售出四千五百萬杯咖啡，創造世界奇蹟。

「85度C」走平價路線咖啡，並能享五星級飯店品質蛋糕，深受消費者喜愛，闖出名號迅速竄紅，到二〇一三年止，台灣有三百四十二家直營及加盟店。二〇〇七年進軍中國大陸到二〇一三年有四百二十家，包括澳洲、美國等全球達七百六十二家之多。台灣品牌成功走向國際，獲得二〇〇九年亞洲服務業TOP 100品牌獎，成為第一家立足台灣，放眼國際的台灣之光。受惠中國內需，近三年獲利二〇〇七到二〇〇九年分別為二十八、六十二、八十三億元，毛利率高過最會賺錢的台積電。「85度C」咖啡於二〇一〇年十一月二十二日以「KY美食」名義回台灣掛牌上市，當日股市收盤價飆到每股三百九十六、五元，締創台灣食品界股價的新高。二〇一三年前三季營收一百一十一、八二億元，毛利率百分之五五。

這樣傲人的快速成長以及優異的成績表現，均來自於門市的快速拓展，而營業利益也依賴門市的營收，可見店面的營業績效，是整個加盟集團總部獲利的關鍵所在。表面上標榜平價可以享受五星級的咖啡、五星級的蛋糕，以及五星級的服務，這樣的廣告確實吸引人，甚至有人研究認為展店善於選擇地段，以及良好的企業文化特質等等。筆者認為外部的研究，沒有發現其中最重的因素，連公司本身也不願說出，或許這也屬商業機密，深恐被別人學習了。就是自營店以及加盟店，有個內規選店必須在「三角窗」，而且這個「三角窗」店的右手邊必是巷道。這種條件的店面，就「長眼法」所講的，店左龍邊是長的，右虎邊是短的，因為右虎邊是巷道，就形成「龍過堂」的風水格局，迎合地球自轉偏右旋力的自然現象，有了天助與地助，而客人自然而至的奧妙。這條內規是明訂在加盟契約內，要加盟除地段等的考量外，店面一定要「三角窗」而右手邊是巷道的條件。

這一條內規是所有連鎖加盟企業所沒有的，只有「85度C」咖啡連鎖獨具，想必創辦人真的有這份奇緣獲得「長眼法」正派的指導，否則，不可能憑空想像出來，而且能堅信不疑百分百的執行。這正是符合清初堪輿大師蔣大鴻所說的：「世之好陰陽者，有緣會通，信而行之，頃刻有魚龍變化之徵。」「85度C」咖啡在二〇〇四年才在永和開第一家直營店，短短的幾年從一家小店拓展到七百多家，從默默無名的小店一躍而成為世界知名品牌，毛利率高達百分之五十以上，目前哪一個高科技產業能比？這不是蔣大鴻所言的「頃刻有魚龍變化之徵」最好的寫照嗎？

「85度C」咖啡，不要說百分之百，至少也有百分之九十九的店，取「長眼法」「龍過堂」的風水格局，是一家完全遵循「長眼法」風水的公司。以下列舉幾家「85度C」咖啡店，說明店面的地理形勢。

首先舉出「85度C」第一家直營店新北市永和區「保平路店」，也就是吳政學先生第一家的咖啡店，在保平路二十二號的「三角窗」位置，離永和樂華夜市很近，筆者親自來到這家創始店，一探究竟到底有什麼特點，讓吳先生一開店就成功。永和是台北市的外圍城，原屬台北縣的城市，台北縣改為新北市才成為永和區，而保平路又是永和區次級道路，只是臨近夜市，而不是夜市主要出入街道，屬夜市的邊沿地帶。這家店看起來大約十來坪大，客人座位都擺在店外兩邊騎樓下的走廊上，是一小小的咖啡店，一般人看起來沒有什麼特別而是很平常的一家店，但在筆者的眼裡卻是平凡中的不平凡。

以「長眼法」的觀點來看，就已經可讚可嘆了，若再加上「傳統風水」的理氣，那更令筆者讚嘆不已，妙極了，也就是筆者所主張的空間與時間的配合，不發也得發而且驟發。「保平路店」是創辦人吳先生二〇〇四年才開辦，至今二〇一四年十年間，大家有目共睹，「85度C」已成為世界品牌，這速度何其之快啊！世上哪一種行業，從開創不到十年，從一家小店發展至千家的大型連鎖企業，而且是高毛利的，傲視所有的同行，實在不可思議。

第一個例子：「85度C」永和保平創始店

（圖九十三）是創辦人開設第一家直營「85度C」咖啡店。正面可看到店的櫃檯，接受來客點咖啡及糕品之處，而左手邊的巷道是通往樂華夜市，右手邊臨保平路，店面的風水格局是左龍邊長，右虎邊短的形勢。在店的正前看，對面街的房子越過店的正門前，也就是「龍過堂」形勢（請參閱圖九十四）。

（圖九十四）是站在店面門口，看到對面街房屋從左來越過店面門口，即是「龍過堂」形勢。

另再從店的收銀櫃檯看正前的明堂（請參閱圖九十五），則左前街的房屋由左龍邊一直延伸

（圖九十三）永和保平路店

到明堂的右前方，而前來的保平路恰好轉個彎，看不到保平路來處的路口，左龍邊房屋則環抱到右前方的巷口止，不但看不到保平路的路沖，反而形成一個長方型的大明堂，不僅具「龍過堂」形勢，更有個寬廣平整的「明堂」，這是一個特殊絕佳的「明堂」。

創辦人擁有第一家店，實驗結果有好的成績，讓他信心滿滿，從此以後，所有展店皆比照辦理，選店面一要有「龍過堂」的「三角窗」，不僅是直營店的內規，連加盟店契約都訂上這一條，可見創辦人信心的堅持，這一個才是「85度C」咖啡不為人知的重要因素。「長眼法」強調，「明堂」才是求財真正的關鍵。而「85度C」咖

（圖九十四）保平路店對街

啡，能夠快速的竄紅撐起一片天，可以完全明瞭是由於這第一家直營店，創辦人第一步踏出來即成功，建立了信心而後一再的複製「三角窗」店面，左龍長右虎短「龍過堂」的風水格局。第一家店成功以後家家成功，所以才短短的一年多至二〇〇五年十二月止，快速展店九十一家，創造家家皆獲利的紀錄。「85度C」咖啡一再的複製「龍過堂」格局，其結果家家獲利，足以說明「長眼法」地理形勢可以複製，而且複製上千家，結果皆一樣的賺錢，足以證明「長眼法」是經得起驗證的。

（圖九十五）保平路店明堂

第二個例子：「85度C」永和永貞路店

（圖九十六）是在新北市永和區永貞路二四〇號的「永貞路店」，也一樣處在的「三角窗」位置，店面向永貞路，右虎邊是巷道，店的左龍邊有連棟房屋，是龍邊長，右虎邊短。而店的對街越過堂前（請參閱圖九十七），就是左龍強右虎弱的「龍過堂」格局，即是前例「保平路店」的複製店，店內大約十來坪沒有座位，客人買咖啡都外帶，連騎樓下的走廊也沒有擺桌椅。

（圖九十七）是永貞店前對面街房屋，雖有一條巷道對過來，但看不到巷道的缺口，形成環繞過大門的「龍過堂」形勢。

（圖九十八）永貞路店收銀機的櫃檯，正好面對永和四號公園，四條街道的十字路口正好形成一個寬闊的明堂，與前例很相似。若再輔以「傳統風水」「元運」的時間因素，以「長眼法」的地理形勢配合時間，則空間與時間的交會，所產生的效用更為顯著，可掌握店發財的時效性，把風水推向更高的層次。

（圖九十六）永和區永貞路店

（圖九十七）永貞路店對街

（圖九十八）永貞路店明堂

第三個例子：「85度C」台北市和平東路店

（圖九十九）「和平東路」店位在台北市和平東路三段三四二號，店面向和平東路，也是個「三角窗」的位置，一樣右虎邊臨巷道，左龍邊連接一排店面（請參閱圖一〇〇）。

（圖九十九）台北市和平東路店

（圖一〇〇）和平東路店左龍邊

（圖一〇一）台北市莊敬路店

上（圖一〇〇）和平東路店左龍邊連接一排長的房屋，表示龍邊長，右虎邊臨巷道，表示虎邊短，「龍過堂」的格局，一樣是複製第一家直營店的地理形勢。

第四個例子：「85度C」台北市莊敬路店

「莊敬路店」位在台北市莊敬路四一六號，也一樣處在「三角窗」位置，右手邊臨巷道，左手邊有一整排店面相連接（請參閱圖一〇一），形成左龍長右虎短的「龍過堂」格局，仍舊是複製第一家直營店的地理形勢。

（圖一〇一）「莊敬路店」右虎邊臨巷道，

表示虎邊短。

（圖一〇二）莊敬路店左龍邊連接房屋，表示龍邊長的形勢。

二〇一三年，對觀光股食品業來說，絕對是豐收的一年，王品旗下十四個品牌，創造了年營收一百四十八．九億元，但還是不敵成功轉型「二代店」的「85度C」咖啡，衝出一百五十一．四億元漂亮的業績，蟬聯營收王寶座。二大餐飲王國，跨國展店、建立新品牌，驗證了王品董事長戴勝益所說的：「餐飲業讓窮人翻身」。（二〇一四年一月十一日TVBS報導）。所謂「二代店」，即選擇較寬的店面，另闢一小塊麵包區，供應各式土司及麵包，因而使營業額提高。

（圖一〇二）莊敬路店左龍邊

陽宅的修改

讀完之前六個章節，介紹台灣本土風水「長眼法」，發源師承原理原則與方法，之後讀者最希望知道，以此原則方法檢視自己住宅或店面，若有不符「長眼法」風水格局，甚至違反地理形勢，應如何化解或修改，這就是本章接著要探討的，好讓讀者戡察自宅，更重要的是，能夠自行調整修改，得以趨吉避凶，求平安得財富。

店面修改實例

喜歡一樓住宅者，一般而言都會選擇邊間，邊間即「三角窗」房子，多一面開窗採光，都會優先考慮。從事店面生意或連鎖店，對「三角窗」店面也特別喜好，往來人潮較多，租金也比較貴。一個十字路口，有四家「三角窗」，在選擇住宅或店面時，這就大有學問了，有的會選在左龍邊長，有的會選右虎邊長，如選左龍邊長的店面，右邊則臨巷道，只要善於經營自然生意興隆。若選右虎邊長的店面，左龍邊則臨巷道，又不善於經營，不出一年半載即會收攤結束。所以選擇住宅或店面，要懂得選擇左龍邊長，右虎邊臨巷道的店面。倘若已住上或使用一戶右虎邊長，左龍邊臨巷道「虎過堂」的房子，有否可修改變為「龍過堂」形勢？答案是可以的。以下舉出實例說明。

實例（一）：藏愛婚紗公司

在台北市信義路與安和路交叉路口，有一家藏愛婚紗攝影公司，店面原本是向信義路，進出大門口也開設在信義路的騎樓走廊上，認為不恰當，則以修改大門方法，將大門改移到安和路上。這大門修改完全符合「長眼法」的方法，完全正確。

（圖一〇三）婚紗公司位在信義路與安和路交叉的十字路口，原本大門開設在信義路騎樓走廊上，則右虎邊連接一排店面，顯示右虎邊長，而在大門口的左龍邊臨安和路，顯示左龍邊短。再者，對面街的樓房也臨接安和路，前堂形成「虎過堂」格局，對營利求財不吉利。

（圖一〇三）婚紗公司原大門位置

（圖一〇四）為婚紗公司修改後的大門位置，是將面向信義路原大門封閉，在臨安和路這一面另開一新門，此則左龍邊有宅屋，右虎邊臨信義路，形勢變為左龍邊長，右虎邊短，對面街有宅屋相對，則將原「虎過堂」格局轉變為「龍過堂」形勢。一個大門的修改遷移，整個格局完全改變，非常簡便。

（圖一〇四）婚紗公司新門位置

（圖一〇五）婚紗公司新大門

（圖一〇五）新大門移到信義路與安和路的轉角處，大門口面向安和路，龍邊就變長，虎邊則變短。移一大門將龍虎長短易位，將「虎過堂」變成「龍過堂」，外在形勢雖不能改，但大門可遷移修改，大門一改，外局形勢則隨之而變。只要懂得「長眼法」之原理原則，一臨現場則調整修改方法不假思索自然而出。

實例（二）：中壢吉姆麵包店

（圖一〇六）吉姆麵包店位在中壢市三光街，原本大門設在店面三角處，這樣的大門在「三角窗」的店面很常見。這種大門既無龍也無虎邊，是

（圖一〇六）：吉姆麵包店原大門位置

最不好的大門。

（圖一〇七）麵包店的外在形勢不可變，仍以修改大門方式，改變了形勢格局。

（圖一〇八）遷移大門之後，整個形勢格局隨之而變，變成右虎邊臨道路，左龍邊長的形勢。

（圖一〇九）經過遷移之後，前明堂的形勢也隨之變為「龍過堂」格局。

陰陽兩宅的外在地理形勢，可以說無法改變。尤其陰宅形勢已天成，人無能為力使之改變的，所以陰宅擇地時就必須慎重。陽宅的外在形勢同樣不能改變。俗語說得好：「山不轉路轉，路不轉人轉」，山路雖不能改，但人可改變；同理，陽宅的外勢雖不能改，但只要修改大門位置，外在形勢因

（圖一〇七）吉姆麵包新大門

大門的遷移而變化。把握「長眼法」的原理原則，就可以改變原本不可能改的外在形局。

（圖一〇八）新大門左龍形勢

（圖一〇九）新大門前堂形勢

第二節

夫妻臥房修改型態

「長眼法」的理論是依據地球自轉的科里奧利力，應用於一切外在的地理形勢，同樣也應用於住宅內部。科氏力的影響不分內外，因為這無形的科氏力無所不在。因此，住宅的內局有所不宜，就可做適當的調整。

住宅的內局與外局一樣重要，絕不可輕忽，尤其是夫妻臥房，非常的重要，臥房內局得當與否，是夫妻和合的重要因素，更是維繫夫妻一世情的關鍵所在。

台灣依據內政部戶政司的統計，民國一〇一年全年離婚數量達到五萬五千九百八十對，平均每天一百五十對離婚，每小時有六對，即每十分鐘就有一對夫妻離婚，一〇二年仍然維持這樣高的比率，比日本、韓國嚴重，已躍居世界第三高，此項信息實在令人憂心，何以維持夫妻關係會變得如此的困難。

離婚因素別的不說，站在風水的角度，尤其以「長眼法」的觀點，離婚不僅與住宅外勢有關，也與夫妻臥房佈局相關。「長眼法」認為夫妻不合而後導致離婚，主要是臥房床鋪擺設了「虎過堂」的格局，是造成夫妻離婚的主因。

一般臥房常見的佈局，是將床鋪安置為「虎過堂」的格局，而夫妻臥房「虎過堂」常見的有下例六種型態。

【第一種】：夫妻臥房「虎過堂」格局，如（圖一一〇）夫妻床虎過堂（之一）。（圖一一〇）夫妻床頭擺在D面牆之正中，床頭兩旁各有床頭櫃一個，房門設在A面牆，人由A面牆房門進出，以床為中心點，則C面牆連接B面牆到房門口止，這邊叫做右虎邊，A面牆叫做左龍邊，以房門口為界，左龍邊短，右虎邊長，且右虎邊環抱過床之左沿，即是夫妻臥房「虎過堂」格局。

這臥房床鋪安置在D面牆之正中間，好使床的兩旁留有空間擺放床頭櫃，又方便夫妻分兩邊上下床，看起來視覺上又有整體感，這是最常見的床鋪擺設方式。房門開設在

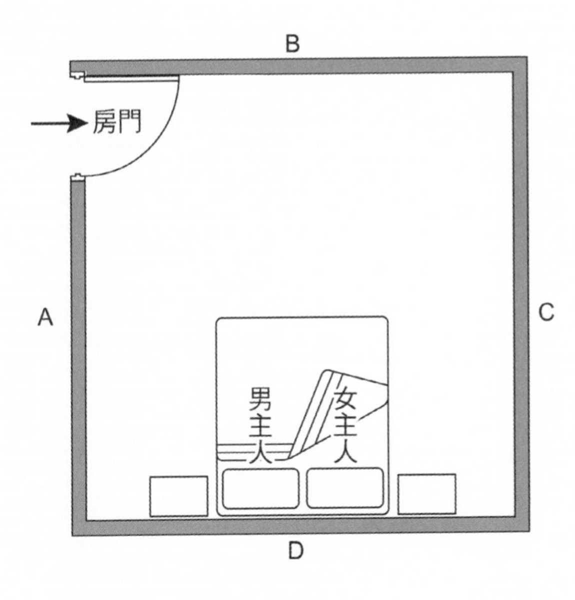

（圖一一〇）夫妻床虎過堂（之一）

A面牆即左手前方，一般都稱為龍邊開門是吉利的，其實正與「長眼法」相反，這個形勢為「虎過堂」格局。夫妻睡在「虎過堂」的臥房，對夫妻是不吉利的，這會感應夫妻感情不睦，會有口爭，終會導致夫妻離異。所以必須將「虎過堂」改變為「龍過堂」格局。

【修改方法】：此種臥房床鋪「虎過堂」形勢，其調整修改方法，僅將床頭移至C面牆即告完成，非常簡單容易，不必求別人，別人不見得說得準，自己動手即可，如（圖一一一）夫妻床調整

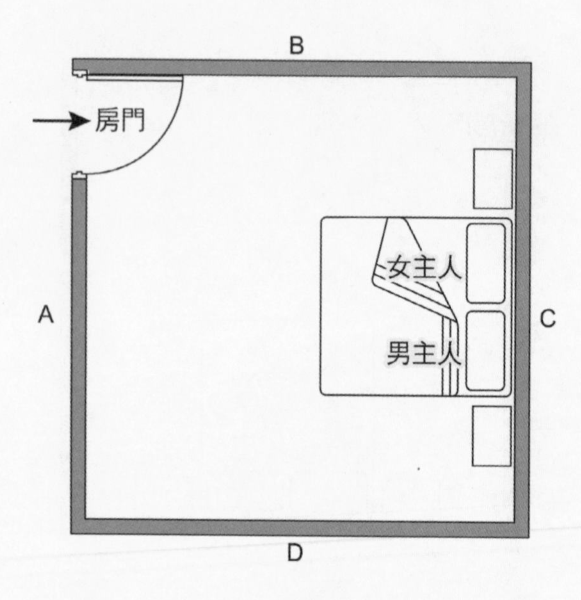

（圖一一一）夫妻床調整模式（之一）

模式（之一），這樣就將原「虎過堂」格局，調整為「龍過堂」格局。

前（圖一一〇）夫妻床鋪「虎過堂」格局，可調整如（圖一一一）夫妻床調整模式（之一），即將床之床頭移至C面牆，擺在C面牆正中，床頭兩旁各有床頭櫃一個，房門仍在A面牆，因床頭已移至C面牆，以床為中心，則D面牆連接A面牆到門口為止，以房門為界，這邊叫做左龍邊，B面牆叫做右虎邊，此則右虎邊變短，左龍邊變長，且環抱過床之右沿，即將「虎過堂」調整為「龍過堂」格局，移一床位形局即完全改變，

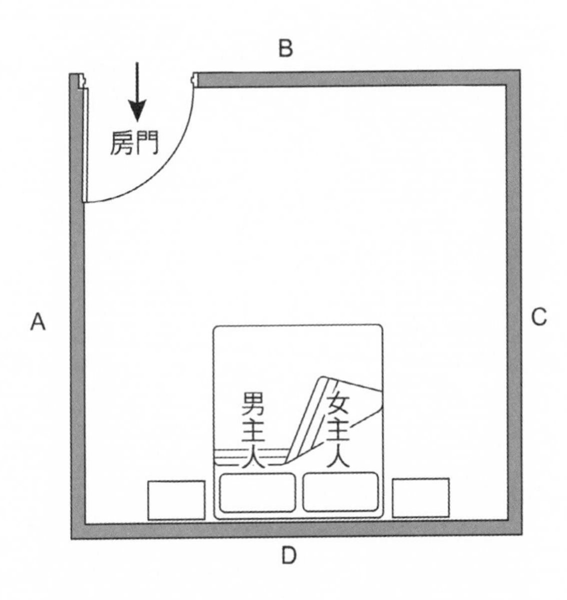

（圖一一二）夫妻床虎過堂（之二）

轉凶為吉，不需要花費任何費用，實屬簡單容易。

【第二種】：夫妻臥房「虎過堂」格局，這種格局與前例稍有不同，其差異在於房門位置。如（圖一一二）。

（圖一一二）夫妻床頭擺在D面牆之正中，床頭兩旁各有床頭櫃一個，房門設在B面牆，人由B面牆房門進出，以床為中心點，則C面牆連接B面牆到房門口止，這邊叫做右虎邊，A面牆叫做左龍邊，以房門口為界，左龍邊短，右虎邊長，且右虎邊環抱過床之左沿，即是夫妻臥房「虎過堂」格局。此與前例不同之處，是房門在B面牆。這臥房床鋪安置在D面牆之正中間，床的兩旁留有空間擺放床頭櫃，方便夫妻分兩邊上下床，看起來視覺上有整體感，這也是最常見的格局。以床鋪為準人睡在床上，房門開設在B面牆即左手前方，一般都稱為龍邊開門是吉利的，其實與「長眼法」相反，這種也屬夫妻臥房「虎過堂」格局，對夫妻是不吉利的，這會感應夫妻感情不睦，會有口爭，終會導致夫妻離異。

【修改方法】：此種夫妻臥房「虎

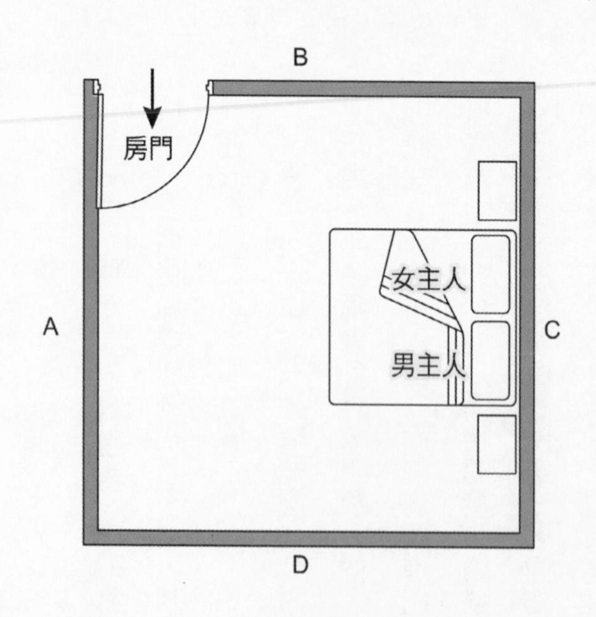

（圖一一三）夫妻床調整模式（之二）

過堂」格局，調整修改方法，僅將床頭移至C面牆即告完成，非常簡單容易，不必求別人，別人不見得說得準，自己動手移動即可。如（圖一一三）這樣就將原「虎過堂」，調整為「龍過堂」格局。移一床位形局即完全改變，轉凶為吉。

前（圖一一二）夫妻床「虎過堂」格局，可調整如（圖一一三）夫妻床調整模式（之二），即將床之床頭移至C面牆，擺在C面牆正中，床頭兩旁各有床頭櫃一個，房門設在B面牆，因床頭已移至C面牆，以床為中心，則D面牆連接A面牆到門口為止，以房門為界，這邊叫做左龍

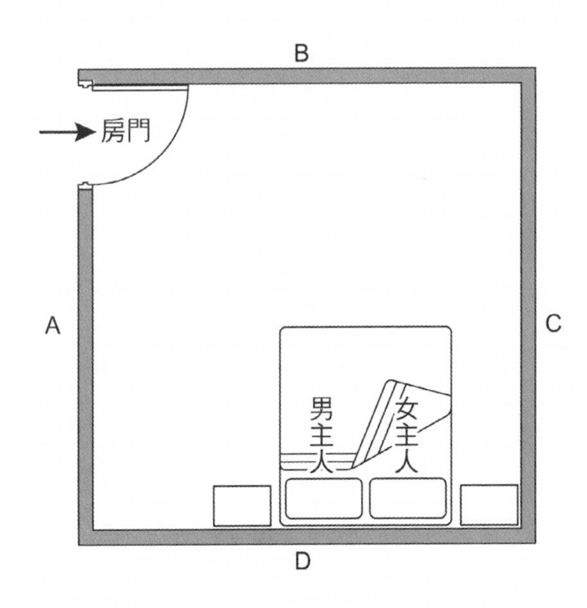

（圖一一四）夫妻床虎過堂（之三）

邊，B面牆叫做右虎邊，此則右虎邊變短，左龍邊變長，且環抱過床之右沿，即將「虎過堂」調整為「龍過堂」格局，移一床位形局即完全改變，轉凶為吉，不需要花費任何費用，實屬簡單容易。

【第三種】：夫妻臥房「虎過堂」格局，如（圖一一四）。

（圖一一四）夫妻床頭擺在D面牆之右，且偏靠C面牆，床頭右邊留一空間仍可擺床頭櫃一個，房門設在A面牆，人由A面牆房門進出，以床為中心點，則C面牆連接B面牆到房門口止，這邊

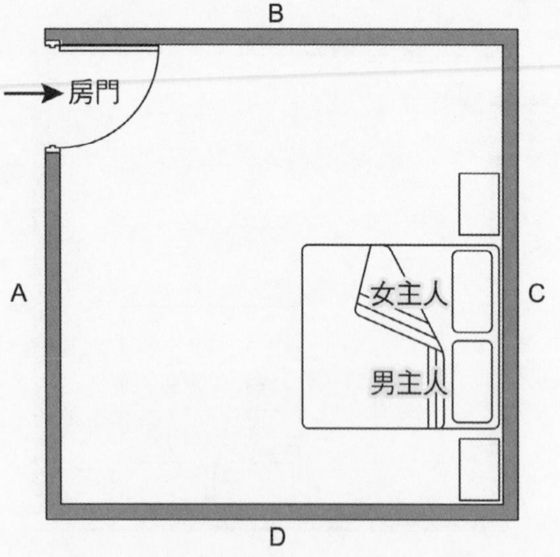

B
房門
A
女主人
男主人
C
D

（圖一一五）夫妻床調整模式（之三）

叫做右虎邊，A面牆叫做左龍邊，以房門口為界，此則左龍邊短，右虎邊長，且右虎邊環抱過床之左沿，也屬夫妻臥房「虎過堂」格局。

此形勢與上例稍有不同，在於床鋪偏C面牆。夫妻床頭安置在D面牆，仍方便夫妻分兩邊上下床，看起來視覺上床有點偏右，這也是最常見的床鋪擺設方式。以床鋪為準人睡在床上，房門開設在A面牆即左手前方，一般都稱為龍邊開門是吉利的，其實與「長眼法」相反，夫妻睡在「虎過堂」臥房，對夫妻是不吉利的，這會感應夫妻感情不睦，會有口爭，終會導致夫妻離異。

【修改方法】：此種夫妻臥房「虎過堂」格局，調整修改方法，僅將床頭移至C面牆即告完成，非常簡單容易，不必求別人，別人不見得說得準，自己動手移動即可，如（圖一一五）。

前（圖一一四）夫妻床「虎過堂」可調整為上（圖一一五）夫妻床調整模式（之三），即將床之床頭移至C面牆，且擺在偏靠D面牆，尚留一空間可擺放床頭櫃，房門仍在A

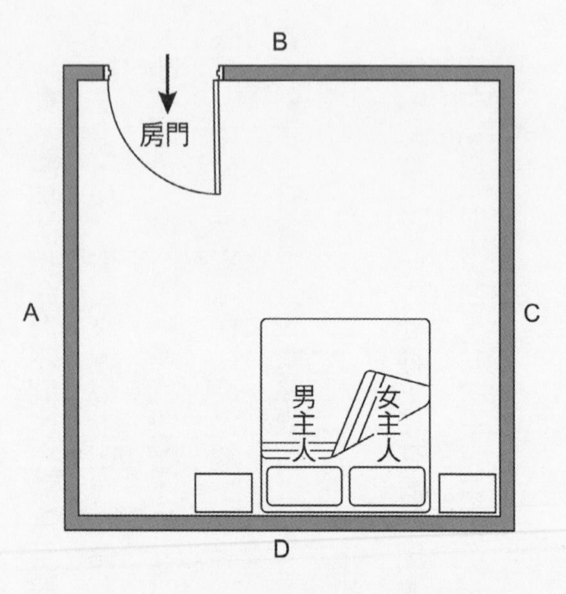

（圖一一六）夫妻床虎過堂（之四）

面牆，因床頭已移至C面牆，以床為中心，則D面牆連接A面牆到房門口為止，以房門為界，這邊叫做左龍邊，B面牆叫做右虎邊，此則右虎邊變短，左龍邊變長，且環抱過床之右沿，此則將原「虎過堂」格局，調整為「龍過堂」格局。移一床位形局即完全改變，轉凶為吉，不需要花費任何費用，實屬簡單容易。

【第四種】：夫妻臥房「虎過堂」格局，如（圖一一六）。

（圖一一六）夫妻床「虎過堂」，夫妻床頭擺在D面牆之右，偏靠C面牆，床頭兩邊各擺床頭櫃一個，房門設在B面牆，人由B面牆房門進出，以床為中心點，則C面牆連接B面牆到房門口止，這邊叫做右虎邊，A面牆叫做左龍邊，以房門口為界，此則左龍邊短，右虎邊長，且右虎邊環抱過床之左沿，也屬夫妻臥房「虎過堂」格局。

這格局與前例不同，在於房門位置設在B面牆。夫妻床「虎過堂」床頭安置在D面牆，且偏靠C面牆，床的右旁留有一空間可擺放床頭櫃，夫妻分兩邊上下床，看起來視覺上床有點偏右，這也是最常見的床鋪擺設方式。以床鋪為準人睡在床上，房門開設在B面牆即左手前方，一般都稱為龍邊開門是吉利的，其實正與「長眼法」相反，這種形勢也稱為夫妻臥房「虎過堂」格局。夫妻睡在「虎過堂」臥房，對夫妻是不吉利的，這會感應夫妻感情不睦，會有口爭，終會導致夫妻離異。

【修改方法】：此種夫妻臥房「虎過堂」，調整修改方法，僅將床頭移至C面牆即告完成，非常簡單容易，不必求別人，別人不見得說得準，自己動手移動即可，如（圖一一七）。夫妻床調整模式（之四），這樣就將原「虎過堂」形勢，調整為「龍過堂」

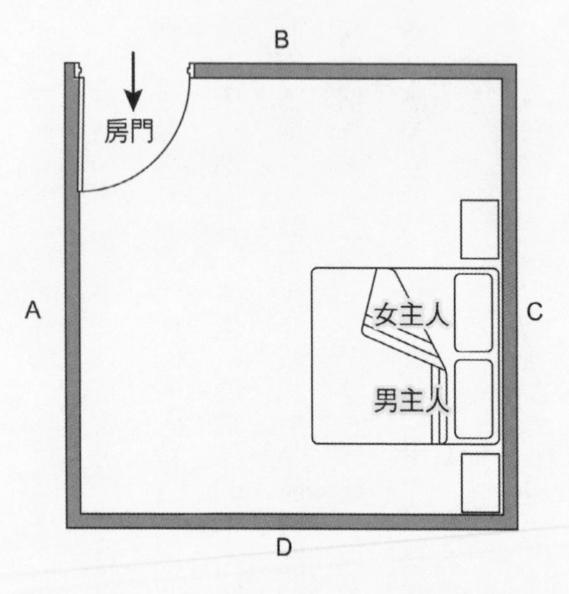

（圖一一七）夫妻床調整模式（之四）

形勢。移一床位形局即完全改變，轉凶為吉，不需要花費任何費用，實屬簡單容易。

前（圖一一六）夫妻床「虎過堂」可調整為如（圖一一七）夫妻床調整模式（之四），即將床之床頭移至C面牆，且擺在偏靠D面牆，尚留一空間可擺放床頭櫃，房門仍在B面牆，因床頭已移至C面牆，以床為中心，則D面牆連接A面牆到房門口為止，以房門為界，這邊叫做左龍邊，B面牆叫做右虎邊，此則右虎邊變短，左龍邊變長，且環抱過床之右沿，即將「虎過堂」調整為「龍

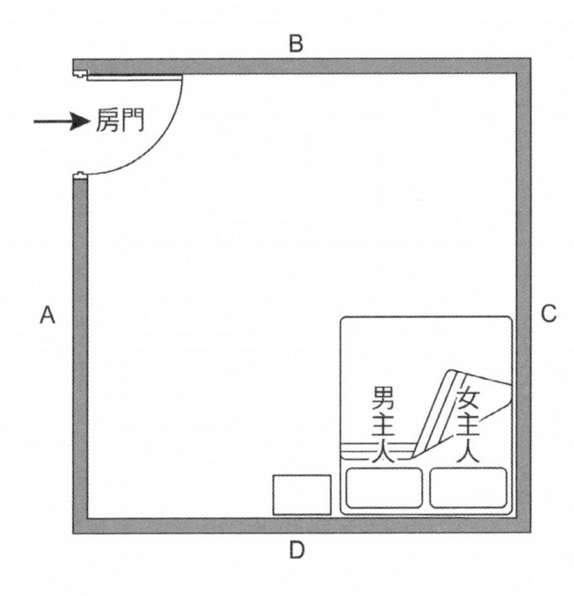

（圖一一八）夫妻床虎過堂（之五）

過堂」格局，移一床位形局即完全改變，轉凶為吉，不需要花費任何費用，實屬簡單容易。

【第五種】：夫妻臥房「虎過堂」格局，如(圖一一八)。

(圖一一八)夫妻床頭擺在D面牆，且靠右緊挨C面牆沒有空間，床頭左邊有床頭櫃一個，房門設在A面牆，人由A面牆房門進出，以床為中心點，則C面牆連接B面牆到房門口為止，這邊叫做右虎邊，A面牆叫做左龍邊，以房門口為界，此則左龍邊短，右虎邊長，且環抱過床之左沿，也屬夫妻臥房「虎過堂」格局。

這臥房床頭安置在D面牆，且緊挨C面牆間沒有留下空間，看起來視覺上床完全偏右靠，這也是最常見的床鋪擺設方式。以床鋪為準人睡在床上，房門開設在A面牆即左手前方，一般都稱為龍邊開門是吉利的，其實正與「長眼法」相反，這種形勢也稱為夫妻臥房「虎過堂」格局。此形勢與上例不同之處，在於床鋪完全偏靠C面牆。夫妻睡在「虎過堂」臥房，對夫妻是不吉利的，這會感應夫妻感情不和睦，會有口爭，終會導致夫妻離異。

【修改方法】：此種夫妻臥房「虎過堂」格局，調整修改方法，僅將床頭移至C面牆，且緊挨D面牆即告完成，非常簡單容易，不必求別人，別人不見得說得準，自己動手移動即可，如下（圖一一九）。夫妻床調整模式（之五），這樣就將原「虎過堂」形勢，調整為「龍過堂」形勢。移一床位形局即完全改變，轉凶為吉，不需要花費任何費用，實屬簡單容易。

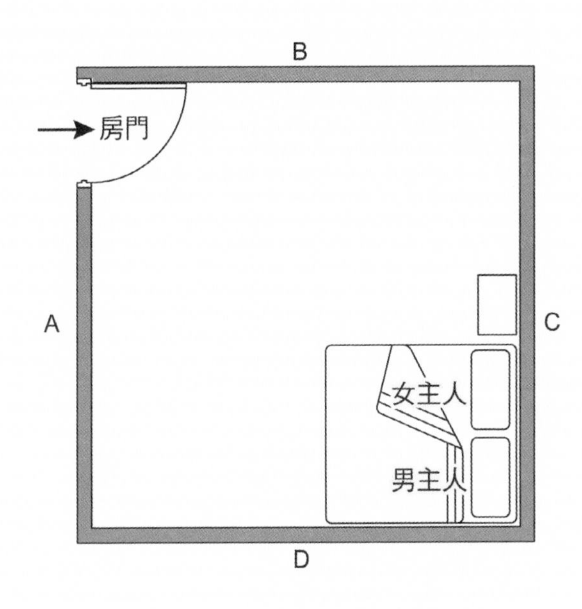

（圖一一九）夫妻床調整模式（之五）

前（圖一一八）夫妻床「虎過堂」可調整如（圖一一九）夫妻床調整模式（之五），即將床之床頭移至C面牆，且擺在偏靠D面牆沒有留空間，房門仍在A面牆，因床頭已移至C面牆，以床為中心，則D面牆連接A面牆到房門口為止，以房門為界，這邊叫做左龍邊，B面牆叫做右虎邊，此則右虎邊變短，左龍邊變長，且環抱過床之右沿，即將「虎過堂」調整為「龍過堂」格局，移一床位形局即完全改變，轉凶為吉，不需要花費任何費用，實屬簡單容易。

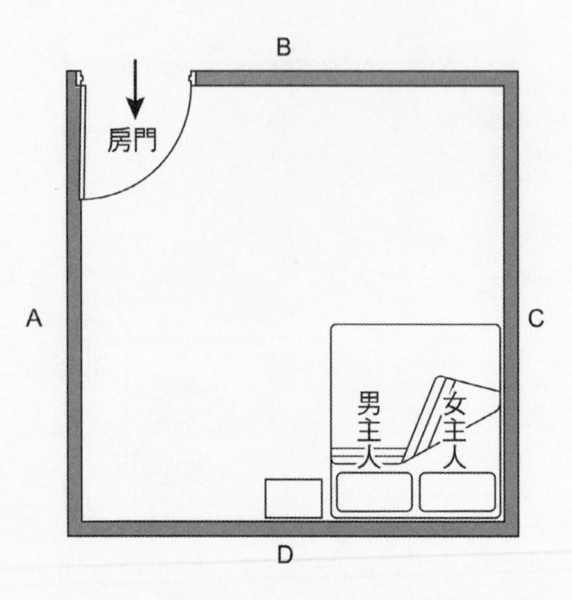

（圖一二〇）夫妻床虎過堂（之六）

【第六種】：夫妻臥房「虎過堂」格局，如（圖一二〇）。

（圖一二〇）夫妻床「虎過堂」，夫妻床擺在D面牆，靠右緊挨C面牆，沒有留空間，床頭左邊有床頭櫃一個，房門設在B牆，人由B面牆房門進出，以床為中心點，則C面牆連接B面牆到房門口為止，這邊叫做右虎邊，A面牆叫做左龍邊，以房門口為界，此則左龍邊短，右虎邊長，且環抱過床之左沿，也屬夫妻臥房「虎過堂」格局。

這臥房床頭安置在D面牆，且緊挨C面牆間沒有留空間，看起來床鋪完全偏右靠，這也是最常見的床鋪擺設方式。以床鋪為準人睡在床上，房門開設在B面牆即左手前方，一般都稱為龍邊開門是吉利的，其實正與「長眼法」相反，此形勢與上例不同之處，在於房門開設在B面牆。夫妻睡在「虎過堂」臥房，對夫妻是不吉利的，這會感應夫妻不和睦，會有口爭，終會導致夫妻離異。

【修改方法】：此種夫妻臥房「虎過堂」格局，調整修改方法，僅將床頭移至C面牆，且緊挨D面牆即告完成，非常簡單容易，不必求別人，別人不見得說得準，自己動手移動即可，如（圖一二一）。即可就將「虎過堂」，調整為「龍過堂」格局。移一床位形局即完全改變，轉凶為吉，不需要花費任何費用，實屬簡單容易。

前（圖一二〇）夫妻床「虎過堂」可調整如（圖一二一）夫妻床調整模式（之六），即將床之床頭移至C面牆，且挨靠D面牆不留有空間，房門在B面牆，因床頭已移至C面牆，以床為中心，則D面牆連接A面牆到房門為止，以房門為界，這邊叫做左龍邊，B面牆叫做右虎邊，此則右虎邊變短，左龍邊變長，且環抱過床之右沿，即將「虎過堂」

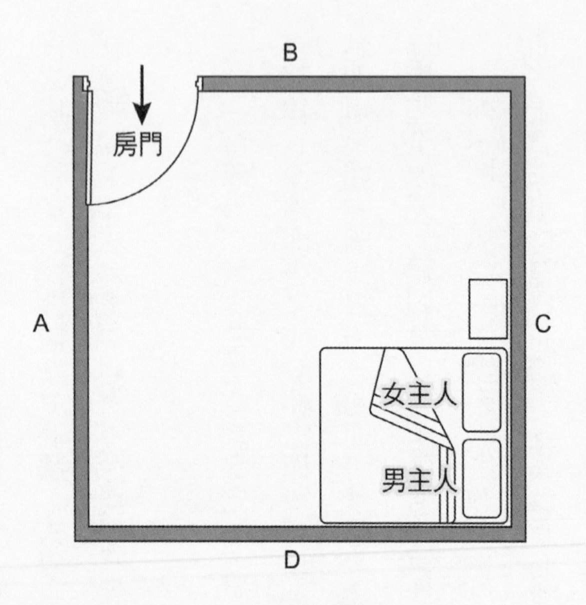

（圖一二一）夫妻床調整模式（之六）

調整為「龍過堂」格局，移一床位形局即改變，轉凶為吉，不需要花費任何費用，實屬簡單容易。

夫妻臥房床鋪的佈置列出六種同屬於「虎過堂」的不同型態，可歸納出兩種主要的差異，第一是床鋪擺設離右虎邊距離的遠近。第二是房門的位置，有的開在靠左龍邊上，有的開在右虎邊上。由於有此兩種的不同，感應在夫妻身上的就有所不同。例如床鋪越靠近右虎邊的，夫妻不合的情況就會越嚴重，而且夫妻口爭時，妻的態度也會越強硬，難以妥協。

夫妻臥房「虎過堂」格局，有一個共同點，床鋪的左手邊皆是走動的動線，「長眼法」稱此動線為床鋪的「龍邊帶路」，「龍邊帶路」會有外遇，所以凡「虎過堂」的夫妻臥房，大都因有第三者而爭吵，而因為房門不同外遇的程度也有不同。房門設在B邊比A邊的嚴重，B邊房門夫有了外遇，是明的來不怕妻知道，甚至會跟第三者另築愛巢，夫從此不回家了。而A邊房門夫有外遇，是暗來暗去，不動聲色的。如果外局形勢又是「虎過堂」「龍邊帶路」，內外局皆是，那肯定因外遇而夫妻離異收場。

若夫妻臥房是「虎過堂」格局，夫妻的感情尚未到不可收拾地步，應該盡快調整床鋪成為「龍過堂」格局，因為地球自轉所帶動的偏右旋引力，會因「龍過堂」形勢，臥房內的氣旋得以凝聚止蓄，氣凝則人和，乖逆之事，自然消弭，完全是環境所造成的自然現象。

「長眼法」認為以地理風水方式協助求財，除了外勢要有「明堂」的財外，內勢還有三種財也要能同時得到，內外財兼得，才算該有的財完整得到。第一是夫妻臥房的財，第二是神明廳的財，第三是廚房的財。夫妻臥房的財如何取得，就是臥房佈置「龍過堂」

的格局。因為「龍過堂」象徵和合之意，夫妻每天睡在「龍過堂」的臥房，受自然和合之氣的薰陶，夫妻自然而然就會感情融洽，和睦相處。古人說：「家和萬事興」。夫妻和合是一個家庭甚至一個家族和睦的源頭，同時也是一個家庭根本財的來源，根本財即是妻財，妻財就是內財，必須先得內財為本錢，夫妻的和協即是本錢，先擁有內財才能賺取外財。大家都知道水象徵財，但不知妻之「柔情似水」即為財。水沒有型態，遇方則成方，遇圓則成圓，方圓隨環境而變。夫是方則妻隨之而方，夫圓妻則隨之而圓，獲得妻子「柔情之水」，即得妻財，而妻財則來自夫妻的和睦。自古以來的傳統，妻子主內凡事先獲得妻的支持，同心協力向外發展才有成功的可能。首要夫妻和合，而夫妻和合則需要有個「龍過堂」的臥房。夫婦同時也是五倫的核心，夫妻和合，五倫關係才順利的發展，對上孝順父母，對下愛護子女，推而廣之，對兄弟友悌，對朋友有義，對上司主管方有忠誠可言。所以夫妻臥房佈局非常重要，但一般人不知道臥房的重要性，更不知如何佈局臥房，所以才造成目前台灣社會這樣高的離婚率。

第三節 住宅修改實例

住宅內部在第一節提出夫妻臥房，一般常犯的錯誤以及相對應調整模式各六種。在本節另舉出臥房不當的安床，實際調整的案例，並將修改後的成效一併說明。

第一實例：獨子冷漠父母驚訝

當事人是以前任公職時的老同事，之前曾邀筆者至新竹郊外戡察他家祖墳，回程熱情順道邀請至他的住宅，在台北市和平東路四段，進屋後詳細介紹內部佈置，帶領到兒子臥房，一眼就看出問題，當下告訴他這間臥房床鋪擺錯了，等全部看完內部佈置，夫婦倆在客廳坐定後，果不出其然，首先同事太太就開始談論唯一的兒子。數落兒子對父母親的態度，總冷冷淡淡的，愛理不理的，態度冷漠，都已成年在外工作，還這樣不暸解父母，我們總希望兒子能有所成就，誰知道他一副無所謂不在乎的樣子，不知如何是好，實在令人憂心。

接著問：「你說我兒子臥房床鋪擺錯了，有沒辦法可改？」筆者回答：「有。」

（圖一二二）是老同事兒子臥房原本的佈置，這間臥房的房門是設在A面牆，A面牆邊有個衣櫃，C面牆有個大窗戶，窗邊擺一個長條型電腦桌，床頭擺靠D面牆，恰好是臥房正中位置，以床為基準則A面牆至房門口為左龍邊，

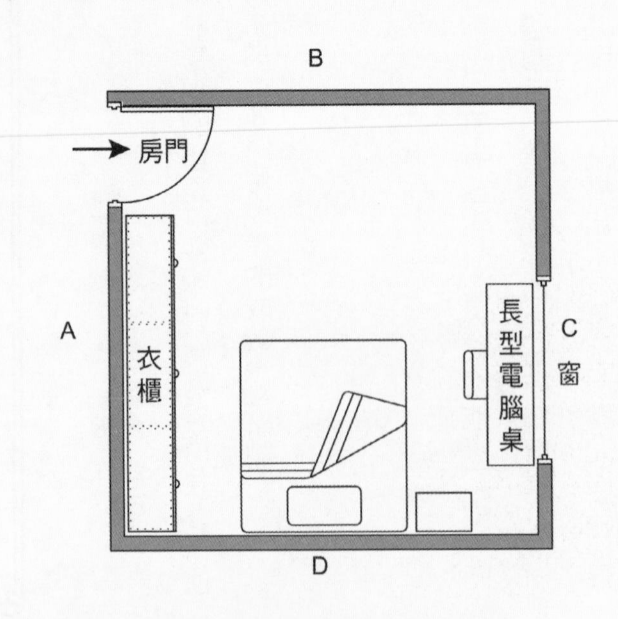

（圖一二二）原臥房床鋪形勢

C面牆連接B面牆至房門口為右虎邊，以房門口為界，此則左龍邊短，右虎邊長，且環抱過床左沿，這樣佈置一般皆認為房門設在龍邊，從龍門進出是吉祥的；若房門開在右虎邊，從虎門出入則會驚動了虎，虎會傷人，故有凶禍發生。但這間臥房開的是「龍門」，卻沒有招來吉祥之瑞應，反而住在臥房裡的兒子，卻與父母感情冷淡，漸行漸遠，父母的關愛兒子感受不到，兒子的行為父母不能認同，親子關係降到低點，失去父子親暱的氣氛。

這樣臥房床鋪的佈置，正是「長眼法」所說的「虎過堂」格局，傳統的認知，其實似是而非，違反地球運轉自然現象。所謂開「龍門」，是要在左龍邊環繞過床鋪後的末端所開立的門，才是真正龍邊開的「龍門」。反之，右虎邊環繞過床鋪後的末端所開立的門，才是真正虎邊開的「虎門」。一般人以為在床的左前方開的門就是「龍門」，其實是「虎門」。這個錯誤的認知，不知始自何時，至今猶為人所引用。

筆者告訴老同事夫婦，應該這樣修改：「首先將長型電腦桌，移到B面牆並挨靠牆壁，次將床頭移靠C面牆，且床身緊靠D面牆壁，不留空隙，最後將C面牆大窗戶，用

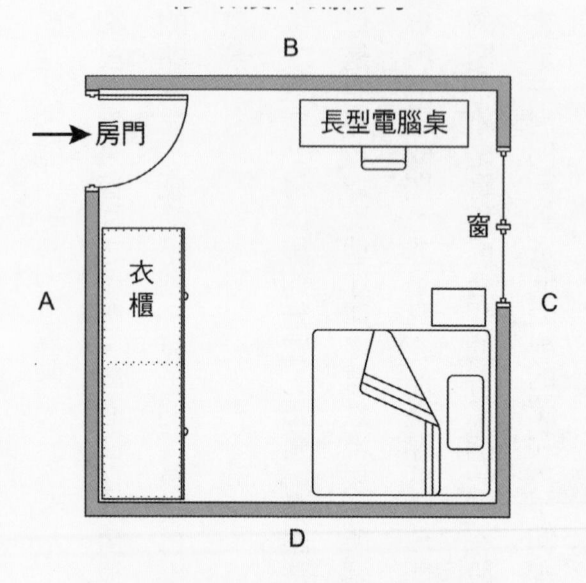

（圖一二三）修改後床舖形勢

五分木心板遮去半個窗戶，使床頭後靠不落空，即告完成。」（請參閱圖一二三）。

（圖一二三）移動床舖及電腦桌並遮半個窗戶，將原有形勢完全改變了，氣象為之一新。在新的床位，左手邊D面牆連接A面牆至房門止為左龍邊，床之右手邊B面牆至房門為右虎邊，此則右虎邊由長變為短，左龍邊由短變為長，且左龍邊環抱過床的右沿，將原來的「虎邊開門」，變為「龍邊開門」，即將原「虎過堂」形勢，轉變為「龍過堂」格局。

老同事夫婦完全同意筆者建議，願意照辦。沒過多久但記不清切確時間，因為沒有很在意這件事。有一天大約在晚飯後，同事太太來電話，在電話的另一端傳來了：「我先生前不久住院開刀，有一天忙完了傍晚到醫院，在病房走廊的遠處，看到一位年輕人攙扶病人緩緩走著的背影，一老一少狀極親密和藹，心想那年輕人若是我兒子那該多好啊！走近一看竟然是我兒子，又驚又喜，實在不敢想像。其實自從兒子臥房依照你的方法修改後過沒多久，我兒子的態度起了很大變化，不再像以前那樣冷淡，變得較體貼也懂得關懷父母，也會談談工作情況，偶爾也會聊聊同事，話題變多了，令我們當父母的感到很窩心，一再表示感謝之意。」這說話的口吻聲音，著實洋溢喜悅，令人感受為人母心中的滿足。

這一番話是必然的結果。「長眼法」利用地球自轉偏右旋引力，以「龍過堂」形勢迎合自然現象，產生了和睦作用，地理形勢變了，人居其中也就自然隨之而變。老同事的兒子有怎麼大的改變，也是預料中事。

第二實例：盼兒完婚老爸出擊

由於上例傳到另一位較為不熟悉的陳姓同事，特來電邀請戡察他兒子的住宅，房子在新北市板橋，依約帶領筆者到達目的地，兒子上班不在家。這戶樓房在三樓不到三十坪，一廳一大房二小房，主臥有衛浴是個套房。老同事說：「這個房子專為兒子結婚用的，我先付了自備款，其餘銀行貸款，自行負擔分期繳納。可是兒子還沒有中意的女友，我盼望他能早一點完婚，因後面還有兩個弟弟。」戡察內部隔間與佈置，主臥房佈局形勢如（圖一二四）。

（圖一二四）這間主臥房，是依建設公司原本設計，擺設床鋪。床頭擺靠D面牆，正好在D面牆的中間，床頭兩旁放置床頭櫃，這是最正常的佈置，又可避免衛浴的門對沖床鋪，但就因為要避開衛浴門，所以床頭靠D面牆，以床為主，房門開設在左前方，仍是犯了一般錯誤的認知，左龍邊開房門是好的，一般人哪知與「長眼法」原理原則正好相反。以床為準點，左手邊A面牆至房門口稱為左龍，右手邊C面牆連接B面牆至房

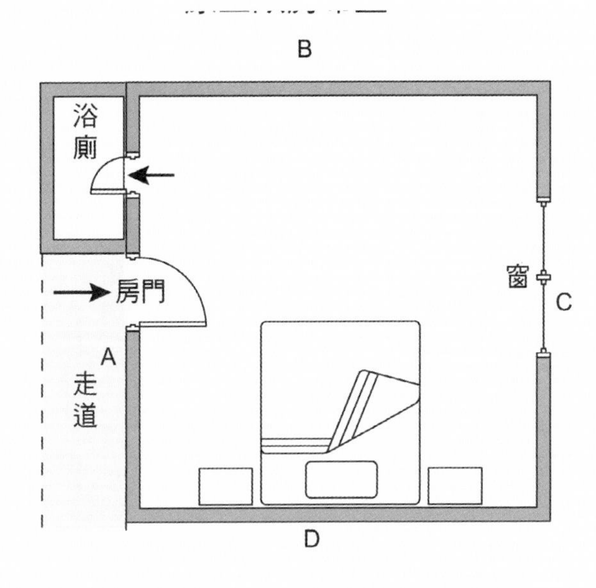

（圖一二四）原主臥房佈置

門口稱為右虎，此則左龍邊短，右虎邊長，且環抱過床之左沿，形成「虎過堂」格局。

筆者告訴陳姓同事，這間主臥房這樣佈置不好，你希望兒子早點有好對象結婚，睡此房間可能沒什麼希望，他急忙問有沒有辦法修改？筆者的答案仍然是「有」。接著說：「這間主臥稍微麻煩一點，必須把衛浴門封閉，在房外走道另開個衛浴門，然後再將床頭從D面牆移靠B面牆，並且床身緊挨C面牆，這兩重點掌握住了，其他的次要，家具有空間即可擺放。」陳姓同事之

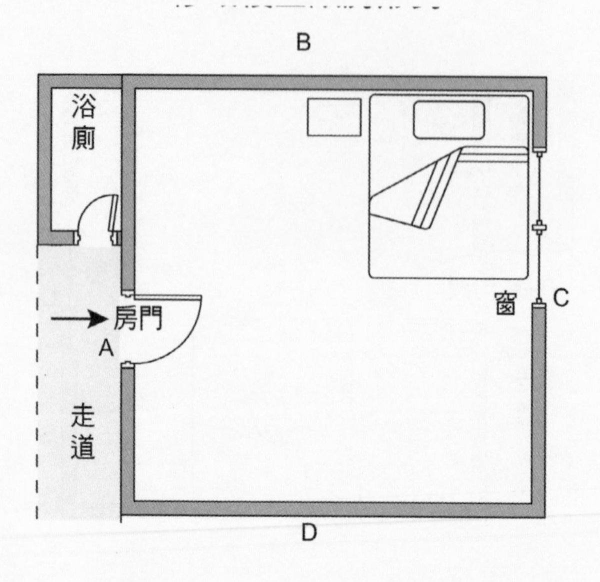

（圖一二五）修改後主臥房形勢

後也依照筆者建議做了修改，如（圖一二五）。

（圖一二五）這間主臥房經過修改後，形勢完全不一樣。床頭擺靠B面牆，且床身緊挨C面牆，衛浴門改在房外走道，床鋪的左手邊C面牆連接D面牆至房門口止稱為左龍邊，右手邊B面牆連接浴廁面牆到房門口止稱為右虎邊，此則右虎邊變短，左龍邊變長，且環抱過床之右沿，形成「龍過堂」格局，改變了之前的「虎過堂」形勢

這種形勢的「龍過堂」格局，是

所有「龍過堂」型態中最為吉祥的。關鍵在房門，因為開設在左龍邊上，門開在左龍邊上的末端，才是真正的開「龍門」，且床鋪緊靠左龍，這樣親近龍而遠離右虎，故為最善最吉。陳姓同事兒子，半年後就遇上良緣，很快就完婚。父親的用心的確為兒子創造了機緣。

第三實例：丈夫大鬧離婚的下場

摯友柯君親口筆者告訴這一個活生生的實例，令筆者也直呼太神奇了，不可思議，為了分享讀者，特別徵詢他的同意。柯君說：「他的小連襟夫婦，與他同住在一個市區，相距不遠的地方，因小孩年紀相近，假日常有往來讓小朋友玩在一起。這對夫妻各有工作，是個雙薪小家庭，沒有公婆同住，極為單純的年輕家庭，也擁有一棟三層透天厝，夫妻各有工作，原本幸福美滿。沒想到男主人有了外遇，對象是雙方未結婚前男女朋友，由於網路臉書突然聯絡上，雙方也各有家庭，經過祕密交往之後，雙方認為彼此才是真

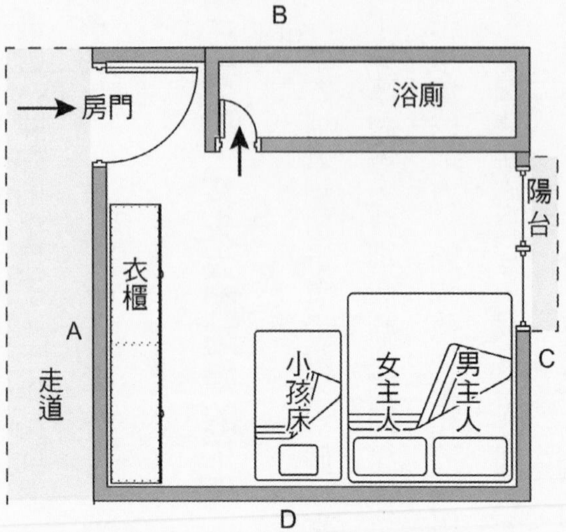

（圖一二六）原夫妻臥房形勢

愛，約好回家結束各自婚姻關係，以便再結合以續前緣。」

柯君也有「長眼法」的涵養，早就暗中注意到連襟夫婦的臥房，很為他們擔心遲早會出問題，曾勸調整夫婦床舖，但不為所動。直到連襟夫婦因外遇事件掀開，小姨子也為保有這個家，調整自己做了一切努力，連女方家長出面調解也無效，仍然挽回不了，大勢已定，非離婚不可了，鬧得不可收拾時之際，柯君眼見一個好好的家庭即將破裂，因而用嚴肅語帶斥責說：「把床舖調一調。」說也奇怪，在這樣的氛圍，

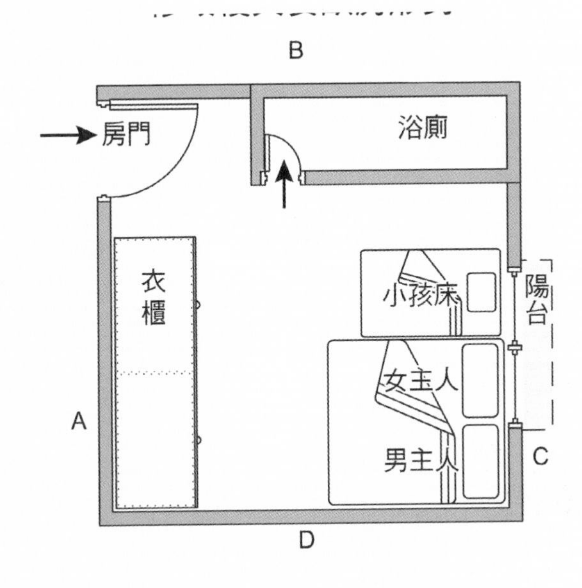

（圖一二七）修改後夫妻臥房形勢

連襟竟然同意，把床鋪如之前所說的方法調好了。」

（圖一二六）是夫妻臥房床鋪原本的擺設，臥房設在透天厝的三樓，房內靠A面牆有衣櫃，衛浴靠B面牆，夫妻床頭擺靠在D面牆，床身緊挨C面牆，好挪出空間放置小孩床，這樣安排很符合空間佈置，動線也很方便，沒有學過「長眼法」的人，哪會知道夫妻臥房這樣佈置是「虎過堂」格局，而且是其中最凶的一種。柯君告訴小連襟調整臥房夫妻床鋪的方法，如（圖一二七）。

（圖一二七）將夫妻床頭由D面牆

移往C面牆，床身緊挨D面牆，小孩床也移過來與大人床並列。由於床移位其他設備不變，整個空間形勢完全改變，以床為中心，右手邊B面牆至房門口為右虎邊，左手邊D面牆連接A面牆至房門口止為左龍邊，以房門為界，此則右虎邊變短，左龍邊變長，且環抱過床之右沿。夫妻床原本緊靠右虎，現則緊挨左龍，遠離右虎，親近左龍，這才是真正的「避虎親龍」，世人只知道要開龍門進出，卻不瞭解左龍右虎的真義，誤用龍虎，遺害不淺。

這個吵得很兇非要離婚不可的小連襟，夫妻床調整後，小姨子告訴柯君太太：「過了一個星期，先生接到女友電話，在電話中起了口角，從此之後，不知為何原因，他們就很少聯絡而疏遠了。原本先生安排幾天假期要與女友出遊的，沒想到原本安排好的假期，改由攜帶全家四口遊花蓮。」柯君說：「這個小連襟鬧離婚事件落幕之後，夫妻感情逐步恢復，據說小連襟對妻子比以前更好，似有彌補虧歉之意。」

柯君親口說了這個實例，這樣簡單調整夫妻床舖，挽救了一個即將破裂的家庭。「長眼法」的方法竟然這麼快速起了扭轉作用，使一個瀕臨崩解的家庭，重拾復合再生希望。

筆者深感訝異，以「龍過堂」形勢，順乎天地大自然偏右旋力量，其影響力竟如此不可思議。

第四實例：董事長辦公桌惹的禍

筆者一個老友，是個上櫃公司的負責人，他的辦公桌佈置也是經過高人指點。

（圖一二八）董事長辦公桌擺在這個空間幾乎正中央，辦公桌以人坐著為坐向，董事長靠D面牆而坐，則左手邊A面牆為左龍邊，右手邊C面牆連接B面牆為右虎邊，房門開設在辦公桌左前方，一般

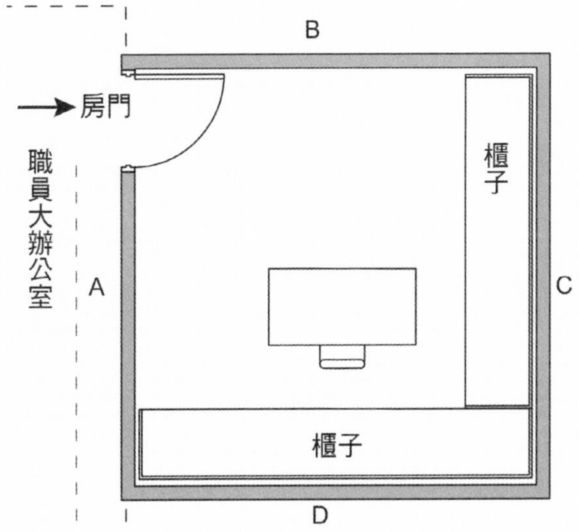

（圖一二八）董事長辦公桌

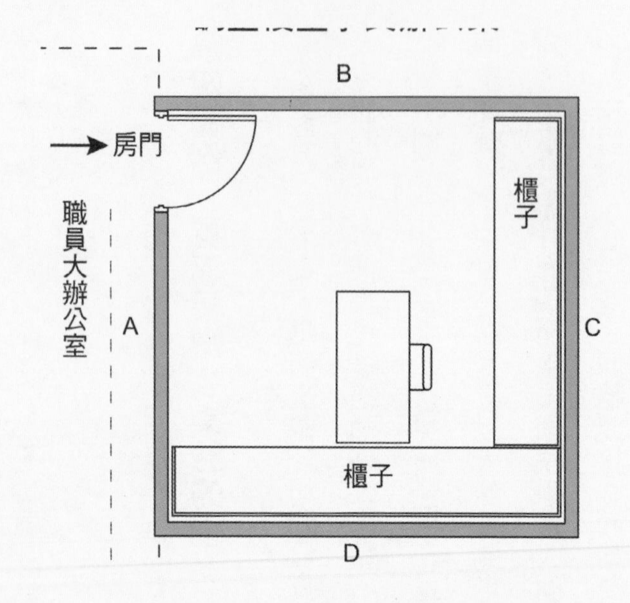

（圖一二九）調整後董事長辦公桌

稱為龍邊開「龍門」，皆認為吉利的。董事長說是幹部好意，請人來看過要這樣擺設，自己不好意思說是他自己本人的意思。

這家公司是以生產工廠起家，之後為了要擴大營收，合併一家營造廠，從事公共工程投標。工廠曾發生三次重大的工安。營造承攬工程進行中，時有各種阻礙延誤工期情況，甚至被藉故積壓工程款拖延不付。內部有上層幹部因不滿情緒憤而離職，最嚴重的是，董事長無故牽扯官非被檢方拘押一個多月，諸多不順，除公司辦公大樓形勢有問題外，應是董事長辦公桌惹的禍。

基於多年老友關係曾勸導，應將辦公桌調整，調整方法很簡單，就把辦公桌挪一下即可，以「長眼法」原理輕而易舉。調整後如（圖一二九）。

（圖一二九）為調整後董事長的辦公桌，將左側移靠D面牆，位子坐靠C面牆，面向A面牆，以辦坐桌座位為主，則左手邊D面牆連接A面牆至房門口止為左龍邊，右手邊B面牆為右虎邊，以房門口為界，此則右虎邊變短，左龍邊變長，且環抱過辦公桌右沿，這樣形勢辦公桌依靠左龍，遠離右虎，房門則變為在右前方，門開設在左龍邊的末端上，即是真正的開「龍門」，而不是一般人誤認左前方即是「龍門」。將董事長辦公桌由原「虎過堂」形勢，改變為「龍過堂」格局。

不僅僅夫妻臥房受到地球自轉牽引右旋力的影響，董事長辦公室也不例外，所謂「一屋一太極」，任何空間沒有不受右旋力量影響，董事長辦公室改以「龍過堂」形勢，是將「背離」自然改為「順應」自然，一切事沒有不因而改善，老友董事長牽扯官非，後來法院判獲無罪。

以上所舉四個實例，之所以禍事發生，皆因左前方開門，就是開了所謂「龍門」，殊不知這是世人的誤認，以訛傳訛的結果，有了本土「長眼法」原理原則就可糾正過來。而這四實例何以特別應驗，有個共同點，皆將床或辦公桌移靠左龍，遠離右虎，開了真正的「龍門」，故能快速產生扭轉作用，化凶為吉。

第八章

長眼法的優勝

「長眼法」的發源地在北台灣，始於台灣光復，歷史淺短，不過百年。當接觸時，由於先有「傳統風水」的概念，很難理解而想像「長眼法」的優點，只依據地理形勢不需八卦理氣，心想「傳統風水」兩大主軸，地理形勢與八卦理氣必須兼備，竟然可以不用八卦理氣，僅憑地理形勢即可以論述風水吉凶，實在感到不可思議，所以剛開始接觸難免有些疑惑。可是當學習完成經過一段長時間的印證之後，才發覺的確有相當高的參考價值。因此將個人領會「長眼法」優勝之處，分述於後。

第一節　具有科學理論依據

風水這門學問在古代是帝王御用之數術，沒有流傳到民間，並設有專屬的官位派任官員掌管，原本是用來築城設郡之用的環境學，後來演變專為帝王家族尋找龍穴葬墳，以保帝王之權位永不墜，經過約兩千多年之流傳，至今被貶為沒有科學依據的迷信，被打入鬼神之類的荒誕，不足為信的街頭方術。可是回顧一下台灣大企業家族，開創者往生之後，好像還沒看到用火葬的，例如裕隆集團的嚴慶齡，新光集團的吳火獅，國泰集團的蔡萬春、蔡萬霖，鴻海集團郭台銘的前夫人，和信集團的長老辜振甫，台塑集團的祖先王添泉、王長庚，以及王永慶本人，最近中信集團的辜廉松，都採取土葬，並沒有用火葬方式，還有富邦集團剛剛過世的蔡萬才，想必不會採取火葬方式。可見大企業的大老闆往生，並未如一般人被鼓勵火葬，而默默地進行土葬，難道他們不是因相信風水而採用土葬嗎？就像從政的，如宋楚瑜的父親、連戰的父母親、蔡英文的父親、李登輝的父親，甚至祖父母等等，也一樣用土葬。台灣現今的社會變得很不可想像，凡事最好默默地做不要聲張，尤其對於往生的長輩擇地葬墳，例如前一陣子往生的辜廉松葬於何處，沒人知道最後是選擇金寶山土葬，但將墳墓築牆圍起來，不被外人任意查看，或許擔心被人破壞的緣故。這種事最好默默地暗地進行，一旦被媒體大肆報導可能被批評一番，若有所違法甚至被送法辦。不知何原因台灣社會被塑造成，相信風水就被冷眼看待，甚至被批評為信鬼神之類的。筆者研習風水近四十年，深深感覺到應該是從事風水數術的人，言論、行為不慎所造成不良的錯誤印象，所產生的後遺症。

台灣本地從實際經驗發展出來的風水學「長眼法」，從老師追源到開創者，對於理論的釋示是闕如的，就基本的形勢「龍過堂」、「虎過堂」，未能闡述「龍過堂」吉祥的理由，以及「虎過堂」為何不吉利，可說只知其然而不知所以然，道不出其中的原因，也就是缺少理論的依據。沒有理論依據的任何學問，很難說服人，也難取信於人的，是一門不完整的學問。以是之故，「長眼法」傳到筆者，居然認為是一門值得參考的學問，就不能沒有理論基礎，所以因緣巧合發現「科里奧利力」，這種地球自轉偏右旋的力量，即是「長眼法」地理形勢要取「龍過堂」之原因所在，具有「龍過堂」的形勢才能迎合地球在北半球逆時針旋轉所帶動偏右的自然力量，形成「藏風納氣」的作用，為所有堪輿學者畢生研究而要達到的風水境界。有了這個地球自轉所產生的力量，且經科學家以現代數學表現出來，加上「傅科擺」實驗的印證，來說明「科里奧利力」對於地球上移動的質點，確實有偏右的現象，所以筆者將「科里奧利力」這無形的力量，引用為「長眼法」之所以取「龍過堂」形勢之理論依據，將「長眼法」自始以來所付之闕如的理論予以補上，而使得「長眼法」獲得完整的體系，更使得喜愛「長眼法」的人，有了理論的依據，不再疑惑不解而各說各話，引喻失義。

自古以來「傳統風水」，歷經諸多的前賢，極盡所能闡釋堪輿，從龍脈行度審其行與止，咸認為龍行止而氣始息，氣息之穴場，也必要來龍自祖山辭樓下殿，並經多次的跌斷束氣開帳，層層脫卸老殼，直至界水而止，見左右龍虎環抱案山近照，也要遠山特來朝對，形成四面羅城緊密層層關鎖，構成所謂「藏風納氣」的地理形勢。又從龍穴砂水向以及點穴葬法等細部的推敲，為的是承龍氣接地脈，並令山川為我所用。每個環節前賢皆有精彩的創意抒發見地。但筆者經四十年研習，古籍中尚未發現穴場龍虎交鎖，是應如何環抱？應該左龍環抱右虎，或右虎環抱左龍？這一點尚未論及。倘引用現代科學「科里奧利力」地球自轉自然現象，古籍所論述龍虎交鎖，尚須刪除右虎抱左龍之「虎過堂」形勢，才是真正龍真穴的。筆者呼籲學者專家就這部分，多多勘察驗證。若能證實龍虎環抱需要刪除「虎過堂」，風水之學則更趨嚴謹，並賦予現代科學意義的地球自然現象，而不再是無稽之談的迷信俗術。科學家的「科里奧利力」不僅引來做為「長眼法」的理論依據，也為「傳統風水」注入科學的生命，破除千古風水的缺失，也能因而更容易辨別真穴與虛花。

第二節 簡單容易瞭解

「長眼法」最大的特點，是不需要八卦理氣，就因為這一特點而成為特殊，也因而有別於「傳統風水」。自古以來研習風水都認為「巒頭無假，理氣無真」，這說明理氣難懂，且派別也多，其間差別甚大，總讓人覺得難以分辨真假，而山巒形勢古賢所言比較一致，總的來說，即會產生巒頭較真，理氣較虛的印象。「長眼法」不用理氣自然省了理氣不易理解的困擾。

據瞭解山巒形勢，從發祖山峯一路轉折曲屈而下，經過數百里的盤旋，輾轉形成的結穴，雖古賢已能盡其言，毫無隱瞞呈現出來，並能理解書中之意涵，一到山上可能成為「屋裡先生」。山巒現場令人迷茫不知所措，與書上所論可能尚難契入，要學習山巒形勢也不是容易事。「長眼法」僅在山龍到頭結穴這一段，由穴場審視四勢之前後左右，後座要有靠山，左龍邊要比右虎邊高，且要繞過穴前環抱右虎，形成「龍過堂」局勢，堂前有案有朝四周圍衛護穴，堂局端正平整。「長眼法」形勢則已備矣。

而陽宅的運用也是簡易，宅的左龍邊不能落空更不可懸崖，也不可以截斷，要有鄰接宅體越長越好，長者表示龍強，男主人、長子才有作為，這一點很重要。堂前要寬闊不可壓迫，更要有宅屋越過堂前，形成「龍過堂」的格局，這樣至少家庭和睦，家和萬事興，錢財自然順暢無礙。開店的商家更不可忽視，店鋪的選擇更要有個「龍過堂」的格局，尤其連鎖店的業者更要注意。而高科技業者研發機密，為產業的命脈絕不可外洩，若擁有「龍過堂」的公司與工廠，就不容易發生內鬼的情事。種種的禍事，只要在「龍過堂」的宅屋皆能避免。

「龍過堂」形勢很容易瞭解，也容易學習。這樣的學習，這樣的理解，當然比「傳統風水」簡易容易得多了。

第三節 房份定位準確

「長眼法」除不需要八卦理氣外，陰陽兩宅就山巒形勢論述，與「傳統風水」亦大異其趣。而對於房份的定位亦截然不同。傳統風水山有山的房份，水有水的房份。例如水法的房份，如有二房，大房在右半，二房在左半。如有三房，則將堂局分為右、中、左三等分，大房在右，二房在左，三房在向前。又如砂法的房份，如有二房，左青龍屬大房，餘皆屬二房。如有三房，以左青龍屬大房，後山玄武及前案朱雀皆屬二房之砂，右邊白虎則為三房之砂，有砂水之分。但「長眼法」則無砂水之分。又傳統分房位，房份之間的界限含糊籠統，如砂法有二子，左青龍屬大房，左青龍的界限不明等等之類。

「長眼法」的房份，其分法不但沒有砂水之別，也沒有陰陽宅之分。房份的定位使用三尺六寸半「竹棒」，例如陰宅大房房份位置，以「竹棒」放在墓碑上且與碑平行，

「竹棒」所指向左龍邊那一線，就是大房的房份。二房房份位置，再以「竹棒」放置墓碑正中間且與碑成直角，「竹棒」所指向明堂那一線，就是二房的房份。同樣的，三房房份位置，仍以「竹棒」放在墓碑上且與碑平行，「竹棒」所指向右虎邊那一線，就是三房的房份。「長眼法」的房份線有長短之分，從墓體往外三支「竹棒」長度內為當代，再往外延伸的一倍為第二代，其他房份也比照這樣推算。

「長眼法」陽宅的房份與陰宅相同，不若「傳統風水」房份有所區分。陽宅左龍邊是大房的房份位，也含宅主在內。明堂前是二房的房份位，右虎邊是三房的房份位。遠近代數與陰宅方法相同。「長眼法」房份位置陰陽宅一律適用，甚為明確，尤其對於房份界定就在那條房份線上，不像「傳統風水」房份位那樣模糊不清。

判斷勘驗明快

「長眼法」由於不用八卦理氣，只用地理形勢，在學習方面就省了八卦理氣，也就因為沒有八卦理氣，對於陰陽兩宅的勘驗，不需考慮理氣的問題，顯得直接了當而明快。

具備「長眼法」涵養的人，判斷一戶人家的祖墳，只要來到墓穴不用羅盤，用「長眼法」的眼力一看就明白，這家祖墳吉凶禍福，哪一房吉哪一房凶，皆逃不過他的法眼。

儘管十里百里來龍，如何行龍過峽轉折，也不管單清、雙清或駁雜來龍，只要在墓穴見前堂低陷或懸谷，則會立判這墳塚子孫，與財較無緣，想發大財很難。有見於墓穴左龍邊凹陷，則會立斷大房的健康將會出問題，嚴重者可能會有性命的危險。至於應驗時間也很容易，只要用腳步代替「竹棒」量一量幾公尺（一根竹棒約一公尺），便可知道幾年會發生。

陽宅的判斷也一樣簡單快速，只要「長眼法」修養好的人走到宅前，分辨這戶宅第是「龍過堂」或「虎過堂」，不需進入宅內便可知道這戶人家，宅內的人是和睦或是不和的，尤其夫妻感情不睦，爭吵不休，都是住了「虎過堂」的房屋。進而勘察左龍邊是否落空，可知宅主的際遇順逆及成功機率為何。若見左龍邊帶路，便可預知宅內夫妻之情可能不保，男主人會另結新歡。若遇見店家左龍邊空，營業績效欠佳，不出一年半載則必遷移，每見空屋招租大都沒有左龍的。「長眼法」學養到一定水準，要判斷陰陽兩宅的吉凶禍福，則易如反掌而直斷不諱。

第五節 彌補傳統不足

「傳統風水」傳遞將近兩千多年，經過歷代前賢遞相的發明，已成一門嚴謹的學科。陰宅的考究係在為先人遺骸能長眠在環境清淨而暖和之地，讓先人入土得安，此為人子孫起碼的認知與作為，也是為人子孫一種孝思行為。而風水之學除關係到孝行之重大義意外，還牽扯到庇蔭子孫的議題。因此，自古以來歷代皆重視祖先風水，尤其帝王將相以及富貴之家，莫不審慎其事，帝王之家曾視為御用之學，專權掌理。而生人食息之陽宅，也自不例外一樣重視不輕忽。

風水之學相傳至今，雖仍然有許多人相信，但已大不如前普遍受到重視，有大部分人持懷疑保留態度。依筆者研究發現並非這門源遠流長風水學不夠完整，而是現代人學習態度已大不如古人，尤其現在速食文化的入侵，一切講求速成，需十年二十年長時薰修的，已很難令人接受。在這樣環境氛圍下，現今研習風水的人，也感染速成氣息，極欲快速而登奧堂，這種為己求福為人造福的絕學，不可能垂手可得，有這樣想法的人是癡人說夢。以是之故，現今研習者學習「傳統風水」，雖有前賢的遺著足供參考，並經人教授，但學業不精，仍有諸多疏忽，為己為人造作遷墳，以致本為葬親行孝之善舉，反成惹禍之根源。

「傳統風水」就像鐵一樣要久煉方成綱，更要有鐵杵磨成綉花針的耐力，而且要得明師現場指授，不斷發奮力學始有所得。屢見時師為人造葬扦墳，不論尋龍點穴之精準或八卦理氣之巧妙，凡遇「兜池」前沒有小明堂，或小明堂下溜形勢者，沒有不洩財的。更有「兜池」前臨懸崖，沒有不破財的。但查閱古賢著作卻言之鑿鑿，如宋朝辜託長老《入地眼》云：「明堂者，穴前儲水之處。」「龍虎內，曰小明堂，為最要。」又云：「明堂者，財庫也。」「明堂管初代，禍福隨他之應。」幾句話即已說明穴前小明堂，所處位置形勢以及重要性，在墳前護穴的龍虎砂內，用來儲水，象徵財庫，應驗當代子女身上。可是為何「十葬九墳貧」？皆因只重龍脈點穴與八卦理氣，卻往往疏忽墳前小明堂，所以葬下不發反而貧。殊不知當代不發皆因欠缺小明堂，沒有「明堂」哪得發財？時下葬墳，皆忘卻古德的遺訓。

「長眼法」對於山巒或平洋形勢，極重視前、後、左、右四周地形，即明堂、後靠山及左龍、右虎，明確主張前堂不可前溜或低陷，尤其三支「竹棒」長範圍為當代房份位內，絕不可有低陷情形，應驗即在當代，恰合古云「前後八尺不宜離」的訓示。八尺就是穴場最貼近的距離，是一種比擬。古云初代，「長眼法」云當代，皆指墳主的第一代子女而言。依同此理，常見有穴場左龍右虎低陷墳墓。「長眼法」強調左龍右虎象徵壽命，左龍若遇低陷或截斷，長房壽命受災殃，卻也因只重尋龍點穴而疏忽左右龍虎護穴近砂之重要。「長眼法」不但「八尺不宜離」，更要求明堂後靠山左右龍虎四勢不可低陷，在在強調說明不可「捨近求遠」的重要性。倘「捨近求遠」不就是「十葬九墳貧」與「福未至禍先到」的主因？諸如此類，「長眼法」的主張及所強調的，不正可以彌補時下「傳統風水」的疏忽或不足嗎？

第九章

對長眼法的評述

「傳統風水」源遠流長，雖是一門嚴謹的學科，由於現今學業不精，或固執一門之偏見，致生種種疏漏。「長眼法」的誕生正可以彌補「傳統風水」之疏忽。也不可因有其優點，而謂「長眼法」毫無例外之處，仍然有其極限，世間法這是必然的，即使大科學家的發現，也會被後人所超越的。茲依筆者之管見，或許由於學業不精所致，略舉數端例外之例，也就教於前輩。

第一節 龍脈論述稍嫌不足

古云：「巒頭無假，理氣不真。」這句古諺並非指理氣不真實，是說八卦理氣比較複雜，易理難明，而應用於風水則見仁見智各有見地，分門派別各有用法，使學者難以取捨，以致令人感覺理氣不真的錯誤印象。至於山巒龍脈，諸家百說論述大體相近，差異較少，使後人學習不覺分歧難辨，以致令人感到巒頭無假的總體印象。其實若將八卦理氣應用風水者，釐出一個脈絡也並不會覺得困難，而巒頭沒有腳力上山尋龍審勢，又沒有明師親臨指授，尋龍點穴也非易事，那可言巒頭無假？

「傳統風水」對於龍脈有比較完整的論述，謂龍脈自太祖山下來，有遠祖、太宗、少祖、少宗以至父母山，去穴場近者，關係禍福亦近，去穴場遠者，關係禍福亦遠，故論祖者以少祖山為主。自父母上尋至少祖，少祖山乃龍之出身處，父母乃龍之入首處，出身處要聳拔，要開帳，要合星體，要中出，要轉換，要束氣過峽，要看枝腳，要看纏護，要看迎送，要看死生強弱順逆進退，要看其有無定穴處，要知父母山一路貫串而來。所謂父母山，在玄武山頂之後，穴中所乘之氣即是。父母山下發脈處為胎，如稟受父母之血脈，是謂之胎。其下束氣處為息，如父母懷胎養息。再看星面起伏為玄武頂，即化生腦，即太極暈，是所謂孕，如孕之成，如人之有頭面、手腳、形體。融結穴處為之育，即毬鬌之中，即羅紋，如子之出胎而育。此乃龍之入首，要束脈，要看有氣無氣，要看形勢，要看結局，此「傳統風水」尋龍之原則。再者，少祖山之中，要明五星，不問是何星，高而秀者貴，低而濁者福微。一方有一方之祖，先審其祖起於何處，水發源於何處，分枝何處，水從何處來，何處合。砂自何處起，何處交，則知水來處是背，合處是面，砂身向外是背，砂頭向內是面，即知背與面。再看隨龍水趨向何處，護龍砂彎抱何方，則知砂水有情處是龍，無情處非龍矣，此為「傳統風水」審龍之有無。若結地之所，本龍聳起高頂，精光閃爍，背後拖出鬼撐，撐後又有樂山圍抱，前面脫去老殼，從起頂處，腰間紐出細脈，名束氣，伏起微泡串珠，一個大一個小，跌斷過峽，再起星體，或走一二節，脫胎換息，束咽起頂，結成星體，窩鉗乳突，穴情脈氣融合，穴前微茫蝦鬚合衿之水，流入小明堂，左右二砂，環抱於穴前，二砂內又分出小枝砂來抱護，本身出脈處，名蟬翼砂。外堂之水，或左水到右，要右手砂長，出去勒轉作案，橫攔於穴前，遮住外洋之水。面前外案也要清秀，或外朝山特來，端正拱穴，或兩傍有高大星峯，環抱穴場，三方吊起生旺之砂疊疊。或內外之水，明朝暗朝，內堂之水往左，外堂之水往右，本宮之水，左右合局。而外水往左出，亦要左砂長，關收作案。有此等佐證，此乃大龍腰結，正合勒馬橫弓之形。此巒頭砂水，俱已得之，方言是地，此乃「傳統風水」審穴情之法。又進一步指出，龍有單行雙行，單行者吉，雙行者有吉有凶，有二十四單龍，亦有二十四雙龍，雙龍過峽有十局吉，有十四局凶，吉者陰陽二宅平安永慶，凶者禍不旋踵。此龍法是在過峽上辨認來龍之吉凶，而不關龍穴砂水等事。故尋龍要在過峽處，校定羅經，則知是何龍出身單脈、雙脈，龍從去處細認星體，是何星起勢，行度往何方，則知此去結地不結地，結地者往前去，不結地者枉費心機，富貴貧賤壽夭窮通，在此辨別，此乃「傳統風水」審龍之吉凶。更有言人家發福長久，必得龍身全氣，要得龍身全氣，由於龍身久遠。而得道之士，非但求龍身久遠，取其全氣，尤當於撥砂法內分其純雜，局純者悠久，局雜者暫發。凡山川融結一地，自有一局，局中只見生砂旺砂環拱凝峙，並無煞洩夾雜，是謂純粹，精此道者，葬下即發，發至數百年而不替。如局有生氣即潛藏一煞氣，有旺神即隱雜一退神，生氣發貴，挨至煞氣絕丁，旺氣發富，挨到退神貧乏，所以發福數十年而敗，此因不由龍不由水總由乎砂，山麓平洋悉皆如是，此乃「傳統風水」撥砂之法。古云：「收得一宮砂水正，自然榮貴不須疑。」此誠千古不易之論。

「長眼法」不論八卦理氣，故不用羅經，因而對來龍脈氣審酌，到頭結穴之前一節束氣過峽處，辨別龍脈之純雜，前去結穴之有無，以至在穴上消砂納水，皆付之闕如。雖獲得「龍過堂」之堂局，迎合地球自轉牽引之偏右旋氣，得以「藏風納氣」，而獲和睦之祥，但未就砂水分辨吉凶，雖有仲和之氣，吉中暗藏凶禍，似有吉不及全，福而不久，平庸不發之虞。「長眼法」雖簡而易明，反而在審龍辨穴之有無，有所不及「傳統風水」之處。

未能掌握衰旺的時間輪替

「長眼法」論述地理形勢，著重穴場四勢，要龍強虎弱，要龍長虎短，要龍抱虎，要明堂吐唇，要平整兜收。但如遇穴前龍虎生峯，如何分辨吉凶，吉者收之，凶者出之，以至朝山消納，猶未能審辨。堂前水局，來去只言虎水來吉，龍水來凶，右虎水局吉，左龍水局凶。也因不用卦理，如何納之，如何避之，皆未有所論述。右虎水雖吉，不知消納，亦有吉而不吉，或吉中帶凶，左龍水雖凶亦有凶而不凶，或凶中為吉。此病在於沒有八卦理氣，未能依水立向，以消納之。水謂之為財，殊不知水能載舟亦可覆舟，非見水即是財，不可含糊不清。

穴場四勢之尖峯砂體，主客生尅之關係，彼此對待之吉凶，「長眼法」吉凶之趨避也全然未論，如此定穴阡葬猶如盲目，吉凶未辨，禍福何由？而立穴定向，更不知時序之更替變化，楊曾二公極言呼籲，「山上龍神不下水，水裡龍神不上山。」此言出自曾文迅《青囊序》，指出世人之論龍神，但以山之脈絡可尋者為龍神，即其所用水法亦以山龍之方法，求水的資用，不知山與水乃各有龍神，特為指出正告天下後世，山上龍神以山龍為龍，專以山之陰陽五行推順逆生死，而水非所論。水裡龍神以水為龍，專以水之陰陽五行推順逆生死，而山非所論。因山水剛柔異質，燥濕殊性，分路揚鑣，為山水分用之法。古哲之言，迂迴繞舌，明白而言，實指時間之更替，時間即是「三元九運」。山有來龍之元運，水有水之元運，山龍元運不可用在水，水龍元運不可用在山，山水不可借用，龍神即是元運。「長眼法」不用八卦理氣即不論二十四山坐向，非但無主從之關係，以之消砂納水，坐穴之面向是善是惡是禍是福，渾然不審辨。更不知時間元運之輪轉，有無犯了龍神水神之山水顛倒，因而不知吉何時發動，凶何時召災殃，實有不足之處。

筆者曾至台北市士林某一出版商處，閒聊之間告知，五術界深有得者，尤其堪輿學界，對「長眼法」有個總評，云：「長眼法斷驗奇準，造葬不發。」此時正持新完稿之「長眼法」一書，洽談付梓出刊之事宜，頓時為之一震，不知如何是好。其實不是什麼新鮮事，不足為奇。早在宋朝時辜託長老在《入地眼》中已記載：「今之術士善斷墳者，必謬於葬，以斷墳下穴，則穴必敗；以斷墳則驗，以下穴斷墳則斷不驗。」此言一千年前之宋時，善於斷驗墳墓者，以斷墳之法下穴必敗，因未必善於造葬，其因為何？長老則指出：「今之術士無師之學，眼力全無，盲主盲賓，怎能知之。」指當時之術士以自學而未得明師教授，才疏學淺毫無眼力。又說：「每至山上茫然無見地，見人家禍福也就說不來，獲福者，有老墳發也有新墳發的，要有個把柄，老墳怎樣獲福，新墳如何敗事。果有不順遂者，也要知道個根蒂，要個明白，不要一開口就要遷墳。」所以今之時下為此道者，沒有拜在明師下，沒有好好學習不斷的努力，只懂得斷墳而不會葬墳，是必然的事，且比比皆是，何只「長眼法」而已。對「長眼法」評論倘若屬實，或許先師的智慧，沒有書流傳，學員各自領會，或對於「長眼法」學習不精所致。

第三節 形勢外的特例

「長眼法」以地理形勢為主，又善辨地理形勢，仍有極少數的特例，以「長眼法」的原理原則無法解說，不過，這是世間法共同的特性，不能百分百完整無缺，而有些例外不僅「長眼法」而已。筆者基於對讀者的尊重，願舉出「長眼法」未能涵蓋的例子，誠實說明「長眼法」的侷限，這也是對「長眼法」這門學問一種的嚴謹態度。茲舉「鼎泰豐」小吃店，台北市信義路本店為例。

「鼎泰豐」以小籠包出名，現在的負責人楊紀華先生為第二代，是繼承乃父楊秉彝所創事業，目前台北有七家店、台中一家、高雄一家。並已將品牌推向國際，最難得的是打入日本的消費市場，日本有十三家分店、新加坡十七家、香港三家、韓國七家、印尼六家、馬來西亞三家、美國三家、澳洲兩家、泰國一家等共六十四家的營運規模。被「紐

（圖一三〇）鼎泰豐信義路本店

約時報」選為世界十大美食餐廳，政商名流的最愛，中外明星來到台灣必訪之地。雖登記為鼎泰豐小吃店股份有限公司，其實已是國際知名的美食餐廳。以「長眼法」來檢驗其地理形勢是不合的，但其生意興隆，只能說是個特例。

（圖一三〇）為鼎泰豐信義路為原始店，店前客人等待進入用餐的盛況。

（圖一三一）為鼎泰豐門前來自各地的饕客，大部分都是外國來的觀光客，點餐都在騎樓走廊站著點，等待用餐也站著等，餐廳客服以中、美、日三種語言廣播，可見觀光客之多。這種盛況餐餐如此。

（圖一三一）鼎泰豐的客流

（圖一三二）為鼎泰豐龍邊與虎邊的形勢，店的右虎邊為金石堂書局，書店右臨巷道。店的左龍邊也只有一戶房屋，分成兩個店面，一個是阿瘐皮鞋，一個是服飾店，接著是永康街。店的龍邊只有一戶房屋，雖不能說無龍邊，但是極短，龍邊很弱，與「長眼法」原則不符，此其一也。而這區房屋只有三間，鼎泰豐在中間，一般人認為左右兩邊挑，住者負擔沉重，皆會迴避，可是鼎泰豐毫無感覺，生意鼎盛，應可打破迷思。

（圖一三三）為鼎泰豐店面前形勢，店的左龍邊是永康街，越過信義路後為連

（圖一三二）鼎泰豐龍虎形勢

雲街，因此明堂對面屋也到連雲為止，在鼎泰豐店門口前看，是「虎過堂」格局（請參閱圖一三三），此其二也。左龍邊短，「虎過堂」格局，不符合「長眼法」地理形勢的要件。「鼎泰豐」實際生意鼎盛情況不吻合，這就是筆者所謂例外之例。但再仔細瞭解，在店內實際負責的是女性主管，也符合「虎過堂」格局，主應適合女性掌管，這一點是相呼應的。另再就人潮盈門，人潮帶來錢潮，係由何因所造成？只能說由於「明堂」使然，「鼎泰豐」店面前正好對著紅綠燈下斑馬線的人行道，沒有路中心的分隔島，在店

（圖一三三）鼎泰豐明堂形勢

門口前形成寬廣的「明堂」（請參閱圖一三一、一三二），前已說明「長眼法」論財看「明堂」。而「鼎泰豐」店面前這個「明堂」很巧妙，筆者現場戡察認為「鼎泰豐」店面招財，是由特有的「明堂」所致，這點是符合「長眼法」的論點。

而在「鼎泰豐」右虎邊的「金石堂」書局的「明堂」，由信義路慢車道的分割所阻擋，只能沾「鼎泰豐」的光，等用餐的客人會順便進入「金石堂」，所以書店內也特闢禮品區，書店兼賣禮品是因地制宜，皆因「鼎泰豐」人潮而設，可見真的是沾「鼎泰豐」的光。

第四節　學員欠缺集體研究發展

「長眼法」這門「本土風水」學問，自從先師「泥鰍仙仔」以及「石頭伯」相繼逝世之後，「泥鰍仙仔」沒有留下任何文字上之敘述，由於各種因緣成熟，學員們將這門原本屬封閉的「長眼法」予以公之於世，因而有人開班授課，甚至有人在網路上銷售「學習筆記」，更有見未經師承，僅於網路上搜得一爪半鱗，片語隻字，也大言不慚大談「長眼法」，甚至有人剽取別人「筆記」，鬧成一團經人調解賠錢了事，亂象百出無奇不有。就因這樣亂象，「長眼法」這門少為人知之「本土風水」，名噪一時，成為時下最夯的風水學。世上任何學問都要有師承，尤其地理風水這一門更需要有明師的傳授，「長眼法」自開創的「和尚師」，之後的「泥鰍仙仔」，再之後的二十名學員，都是一脈相傳，這就是師承之意。特別是「長眼法」上課不在教室而在現場，非有名師親臨現場指授，是學而不可得，就如臨現場欲判斷「龍過堂」或「虎過堂」就足夠令人費心的。

筆者受曹玄宗老師之託並賦予重任，期望師承於「泥鰍仙仔」之「長眼法」，能永遠留傳於世，因而要求能將「長眼法」撰寫成書，讓後來者學習之參考，不要像「泥鰍仙仔」、大師兄「石頭伯」，皆沒有留下任何文字之記載，使後學無所適從，是件可惜而遺憾的事，曹老師有前車之鑑不願步履後塵，因此極力要求筆者務必完成。「長眼法」就因只有口授而師之輩沒有書傳，才會造成「長眼法」在傳遞上，形成紊亂無章法之局面，甚而竊取所謂「筆記」的現象。

「長眼法」從「泥鰍仙仔」下來有二十個學員，至今歷經約二十年之後，未曾聽聞有學生發起集體研究，以既有之基礎共同研習切磋，並分享心得，集各個人心得，滙集成「長眼法」之共同創見，使「長眼法」這門「本土風水」，秉著師傳而為「後世繼絕學」的精神，繼續發揚光大。但「泥鰍仙仔」下傳的學員皆各自發展，因此學門就停滯在個人既有的基礎，未見有更為精闢的開發。就有人講「長眼法」的「龍過堂」形勢，說根據「心臟理論」。也有說「西洋拳理論」，左手臂彎如弓在前做為保護對方來擊，右手臂藏後做為趁機出擊之用，左手臂為左龍，右手臂為右虎。諸如此類無的放矢，先師未說明部分後人牽強附會，實有損「長眼法」本來面目。筆者認為凡地理風水之學，關係人之吉凶夭壽窮通順逆禍福，違反大自然現象者皆失去準據，人處於大氣之下，立於地球之上，地球自轉白天黑夜不停交替，繞行於太陽公轉而有四季之變化，春耕夏長秋收冬藏之現象，人類萬物息息相關，而地理風水之學倘背於地球自然運行現象，哪經得起檢驗？因此筆者有鑑於此，以地球自轉之偏右旋轉之「奧里科利力」，引為「長眼法」之所以「龍過堂」的理論基礎，實肇於身為「長眼法」之後學，日日時時不忘為「長眼法」繼絕學之精神，做出卑微綿薄的貢獻，雖無力喚起前輩及後學們共同研究發展，使「長眼法」日愈求精，日愈精彩，能將「科氏力」引入「長眼法」並撰專書公之於世，則我心已足矣！

總結

第一節 看宅七步訣

為了使讀者對於發源於台灣本土之風水法門「長眼法」，能夠有個完整的概念，從「長眼法」起源、師承傳授、理論依據、形勢格局、方法應用、個案說明，直至本法之優勝與評述，就原理原則概括敘述，建構「長眼法」之完整性，使後來有興趣於此道者，有個參酌資料去除道聽塗說之誤導。

本書如上之撰述，有識者一看就明瞭，對於未學者或許尚有些困難，最後筆者再就前述之原則方法，以堪察一戶陽宅實際應用方法，使讀者閱讀本書之後，立刻可以自行戡察自己的住宅，甚至如何調整修改。特別列出「看宅七步訣」，方便學者參考。

【看宅七步訣】

（首先審視宅外形勢）

第一步：看左右龍虎。如住一樓者或店面厝，站在宅前與屋同向，左手邊為左龍，右手邊為右虎，正前為明堂，正後為靠山。再看左手邊連接的宅屋，與右手邊的比較看左右那邊長。若左邊長右邊短，就叫「龍長虎短」。若右邊長左邊短，就叫「龍短虎長」。「龍長虎短」表示龍強為吉，「龍短虎長」表示虎強為凶。

第二步：看宅前明堂。仍舊站在宅前審視明堂，看面臨街道是窄或寬，一般而言，在六公尺以內者認為窄，八公尺以上者認為寬，越寬越好，反之，越窄越不好。明堂主財，明堂不宜狹窄，窄者財源短促，明堂應寬闊，表示財源廣闊。

第三步：看宅基高低。宅基就是宅門口內地板之高度，與宅外之馬路巷道地面之比較，內地板高於宅外地面，謂之高。平於宅外地面，謂之平。低於宅外地面，謂之低。高者表示溜，水往外流出，會洩財，越高表示財往外洩得愈兇。平者表示財不會往外溜走，屬吉求財可得。低者表示水往宅內，明堂飽滿，水上堂入喉，求財容易得財，甚吉。

第四步：看宅外格局。察看宅外格局是屬「龍過堂」或是「虎過堂」。若左龍長右虎短，右虎臨巷道，而前面宅屋相對應，則形成「龍過堂」格局。若左龍短右虎長，左龍臨巷道，而前面宅屋相對應，則形成「虎過堂」格局。店面曆得「龍過堂」，店內員工和睦相處同心協力，員工穩定性高，較少離職，也不會出現內鬼現象。若是「虎過堂」則店內員工向心力差，員工不穩定，離職率高，也有員工不和現象，甚至吃裡杷外，損害公司。

第五步：看左龍帶路。宅之左手邊為左龍，左手邊臨馬路巷道稱之「龍邊帶路」。「長眼法」強調左龍邊要長要強，倘若左龍面臨馬路巷道，左龍邊為巷道截斷，變為左龍短右虎長，形成左龍弱右虎強形勢。又若左臨巷道穿過對街宅屋，則前堂會形成「虎過堂」格局。左龍邊代表宅主或長男，左龍邊帶路宅主或長男會有外遇情事之感應。若左龍帶路因而形成「虎過堂」格局，則會因外遇而最後導致夫妻離散之結局，嚴重者甚會招來訴訟官非。

第六步：看宅前後凶煞。宅前後相鄰之屋體，若非平整清淨，而有特殊形狀者，對宅內會產生禍害。例如宅前後壁刀，或特高之高樓，如台北市一〇一超高樓。或飛簷走獸，如台北市國父紀念館之飛簷，及中正紀念堂兩音樂廳之飛簷。或者高掛圓型之水塔等等，皆視為凶煞。這些凶煞之形不論正對斜射，或是後照暗拱，皆會產生凶禍，不是招來惡疾，就是出門在外發生意外事故，總是對宅內人之身體傷害，不外傷、破、死、流血。

（次審內局佈置）

第七步：宅內佈局。「長眼法」除重視宅外形勢格局外，對於宅內佈局亦同樣不輕忽。宅內佈局有三種財必須安置妥當，才符合「長眼法」內外財皆得完整的要求。

第一財是夫妻財。所謂夫妻財是指夫妻因和合而得財。故審視宅內佈局，先看夫妻臥房床鋪佈置，是否「龍過堂」格局。倘若是「龍過堂」則夫妻和睦相處，口無爭而得財。若是「虎過堂」則夫妻易生口角是非，怨氣孳生，非但夫妻財不可得，反之因而暗耗。其次是子女臥房床鋪是否也是「龍過堂」格局，若不巧是「虎過堂」格局，在求學時期不易管教，功課不佳。成年之後，與父母不融洽，甚至異性緣少，男女結婚對象難遇。若能佈置「龍過堂」格局，則「虎過堂」之弊病全無，子女皆能順從父母而父子有親。

第二財是廚灶財。廚房佈置也同樣重要，也是得財之源，必須安放「龍過堂」格局。可是現時年輕家庭，夫妻各有工作，雙薪家庭很少在家作飯用餐，外食情形甚為普遍，所以對於雙薪家庭很難獲得。

第三財是神明廳財。與夫妻財、廚灶財同列為財源。也必須安置得宜，最好是佈置「龍過堂」格局，神明廳不但關係財源，還影響身體健康，以及全家吉凶，甚為重要。但時下年輕家庭都離開父母出外打拼，房價節節高漲購屋不易，若能擁有一戶房屋已屬難得，實難有空間供奉神明與祖先牌位，大多數的人都趁逢年過節，再返父母家祭拜，所以年輕家庭也很少有神明廳，神明廳財大部分人都從缺，尤其大都會區更屬少見。

以「長眼法」來戡察一戶住宅、店舖、公司、工廠，甚至祖先墳墓之吉凶，非常簡單容易。只要依照外局形勢六個步驟及內局三個財佈置，就能瞭解吉凶禍福。陽宅人人所需，不能沒有陽宅，即使租用也與陽宅息息相關，脫離不了陽宅的影響。所以只要讀完本書，再就本章「看宅步驟」，則能掌握重點，即使從未接觸過風水的人，也能在短時間認識本土不用羅盤的風水學。對於已學過風水的人，正陷在迷惑疑團中，幫助釐清對地理形勢的建構。對於已學過「傳統風水」未具信心的人，提供另一參考的途徑，不要固守一方，跳脫泥沼。

任何人除非不信風水，如想接觸風水瞭解風水，「長眼法」是最佳的途徑，因為不用羅盤，省去八卦理氣的麻煩，學「傳統風水」最大的困惑，就在八卦理氣難明與應用。「長眼法」不用八卦理氣，就顯得簡單容易，使初學不畏懼而退卻，進而瞭解「長眼法」風水，戡驗住宅的善惡吉凶，不再是迷信反而是科學的，依「長眼法」原則與方法，是可複製的，可以套用的，其所得結果是相同的，可複製可驗證，是科學的。

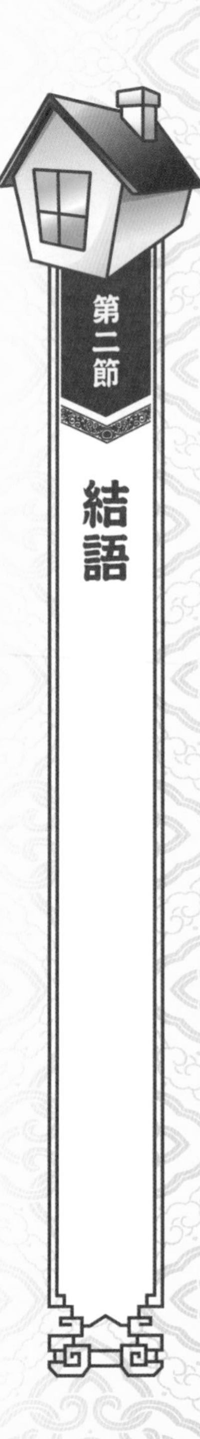

【對「地理風水」定位的看法】

「地理風水」這門學問，其來有自，而能留存至今，應有至理存焉。但信者恆信，不信者恆不信，大多數人皆沒有機緣接觸，其中因素複雜，言不能盡。筆者由於因緣際會，得以接觸而能學習不輟，其中疑點重重，不得其解，但皇天不負苦心人，幾近四十年的鑽研，終於理出一個脈絡。依據地理前賢，認為「地理風水」可以打動山川，奪命運造化之功，果真如此，則前賢已不再，真精髓蘊而不明，今人實在很難窺探其奧妙，所以現今言論「地理風水」，或許有種去日已遠，與現世有種隔閡之感。

所謂脈絡，則認為「地理風水」不必去強化可奪造化，更不必去視如蔽帚，不要過分吹捧，也不須污名化，經過一、兩千年的洗禮，若沒有存在價值，早被煙沒而銷聲匿跡。而筆者以「緣」字來看待「地理風水」，此所謂緣，是指世間的禍福，皆有個起因，而後得出結果，亦即有因必有果，由因導致果的過程，其中有個重要的變數，那就是緣。例如要得豆，必先有豆的種子，有了種子必須種在土壤裡，尚須日光、水分、肥料，加上人工的照顧，種子才會發芽，經成長而後開花結果，這其中的日光、水分、肥料以及人工照顧，就是緣，即是因、緣、果的生成次序。即使有種子的因，沒有這些日光等的緣，是無法得出果來，所以這個緣顯得非常重要。假使將豆種子放置瓶罐中，再久也長不芽來，必須有日光等條件，方有得果的可能，否則不然。

因、緣、果的關係，其中的緣，變化多端，好緣充足，所結的果必然豐碩，若緣有缺，所得的果必然有虧。所以要得好的果，緣必要圓滿，亦即控制緣，可得到好的果。不僅如此，還可控制不產生果，如前所述將種子放置瓶罐中，永遠不會得果。故「地理風水」猶如因、緣、果其中的緣，人生命運雖有定數，可是並非一成不變，若能掌控其中的變數，仍會有不同的結果。俗語說：人生一命、二運、三風水、四勤儉、五讀書。俗語很有道理，命是天注定，是與生俱來，運是時間給予與否，先天不可控制，但風水、勤儉、讀書皆是後天，後天可人為創造，可見人生禍福不全由命運，而有半數以上可由人的努力，得以控制改變結果。而依其次序居第三順位的風水，當然值得重視，可由人為造作加強緣的充備，終致改變人生禍福的果報。佛法也說：人是果報身。其意思是指人身來到世間，是來接受上輩子所種下的因，這一世來接受果報的，亦即因緣果報的循環定律，任何人在緣成熟時，皆逃離不了這定律的約束。但是明瞭這因緣果循環的道理，操控這其中的緣，就能改變果報。

所以吾人得知「地理風水」的定位屬於「緣」，而不是人生禍福的主因，不可誤認風水可以改變先天注定的命運，若能改變先天的命運，那因緣果循環定律將不成立，連佛陀說的話也將被推翻，僅能就果報來到之前，操控其中的變數「緣」，奮力地創造個好緣，使果報起了加減作用，從而達到改變命運的約束。「地理風水」是屬於因緣果定律中的變數，掌握這個變數，同樣道理即可影響結果。所以不必因尚未有現代科學的舉證，就認為無稽之談，哂笑腐朽。茲引明朝袁了凡先生以修心之心得，著「了凡四訓」

垂教其子，記述：「福建莆田有一林氏，先世有老母好善，常作粉糰（今之饅頭）施人，求取即與之無倦色，一仙化為道人，每旦索食六七糰，母日日與之，終三年如一日，乃知其誠也，因謂之曰：『吾食汝三年粉糰何以報汝，府後有一地，葬之，子孫官爵，至一升痲子之數。』其子依所點葬之，初世即有九人登第，累代簪纓甚盛，福建有無林不開榜之謠。」此事蹟闡明以至誠心佈施，感召極佳之地理，故明誠心修善是因，感得吉穴是果，再以吉穴之果為因，得子孫官爵榮耀為果，因果果因，因果之報，循環不已。又據「懿行錄」之記載：「明朝官位少師之楊榮，字勉仁，福建建寧人，世以濟渡為業，時遇溪漲，沖毀民居，溺死者順流而下，他舟爭取貨物，獨少師曾祖與祖，專意救人，貨物一無所取，鄉人共笑其愚，答曰：『我渡值，足以自給，妄取非吾願也。』迨少師父生，家漸裕，忽有道者過曰：『汝有陰功，子孫當貴顯，宜葬某地。』遂如言葬之，即今白兔墳也。後生楊少師，弱冠登第，位至三公，其曾祖父與祖父，皆贈如其官。」此又以至誠無私之心，修善濟人為因，得吉穴為果，又以吉穴為因，子孫登第，位至太子之師為果，真實之事例。

上舉明朝兩個公案，一個是上一代的祖德庇蔭，一個是當世的存心仁厚，皆因濟苦救難，行善佈施，積功累德，種下善因，感召善緣，經由具道眼的善知識，指出吉穴引而葬親，結果子孫繁榮，官位爵祿顯赫。因此，看歷史公案不能不知這其中因、緣、果的關係，具道眼善知識與吉穴葬親，是因導果過程中不可或缺的緣，無緣的牽引就不能致果。是故「地理風水」雖定位為「緣」，由此觀之，當有不可輕忽的充分理由。假使還不能認同這個推理，寧願世人不欺暗室，因在人頭上有三台北斗神君，記錄人的罪惡。還有三尸神在人身中，上詣天曹言人的罪過。更有家裡的竈神，也一樣監察善惡。凡人有過必折損壽命，小的罪過，減損百日的壽命，大的罪惡，奪走一紀的享年，小過小折，大惡大損，因果報應，絲毫不爽。

藉由上述舉例，感到要得一處吉穴葬親，在現今來說實在不容易。對「地理風水」近四十年不斷的學習與觀察，發現公眾墳地皆爆滿，有些也已經禁葬，更有些公告限期遷移，而私人開發的墓地也甚為稀少，可謂一地難求，更談不上什麼真龍穴地。因此現在大多數人都採取火化，再將骨灰罈安奉在納骨塔裡，只有甚少數的人尚依古俗尋找墓地，讓先人入土為安。而採用土葬者，又要遇到明師指導，那更難上加難，誰是明師，又在何處？非得有祖上遺德，暗中庇蔭，恐怕沒有機緣，得明師獲吉穴。筆者認為在這樣極度困境中，仍然可以達成願望，只要真誠有心肯為親人覓地，除非不孝而無心，總有一天如願以償，老天不會辜負有心人。不但要孝親真誠，還要日日行善，累積蔭德，達到有功的時刻，願力深厚，自然感召有德的明師，協助達成願望。否則吉壤不可得，縱使得明師，有可能誤判，即使不出錯，吉地也可能保持不久，因開發而遭受破壞，種種不定變數隨時出現，所以最穩當的方法，吉壤真地唯有培德以求之，別無他法，所謂「福人居福地」。

編後語

接觸「長眼法」，進而正式學習，是我鑽研地理風水其中一環而非全部，更沒有想到要撰寫成書，由於受師囑咐並一再催促，筆者生性懶惰，至今才勉強完成。其實之前已先後完稿兩次，唯因架構鬆散，內容不全，語意生澀，詞不達意，遂棄而不用。本書是全新撰擬，雖未達自我要求，但相較之前略微周全，應可濫芋充數，應付交差了事。

本書所附的圖照，皆由筆者親自拍攝，偶有加註以及書中文字，亦親自電腦操作，對於一個上了年紀的人，是件不容易的事，不比年輕人，電腦是必備工具，駕輕就熟。尤其書中的圖畫，非我所能做得來的，幸好有好友柯混元先生的協助，他是繪圖版華人第一品牌 Bravod 元暢科技公司總經理，以及公司同仁的電腦繪圖才得以完成，藉此對他們的辛勞，表達衷心謝意。

書中第九章對「長眼法」的評述，未有充分的說明，但筆者二〇一三年所著《風水應該這樣學》一書，可以參考。另筆者專屬網頁，網址：yuankon.org（元空風水的空間與時間觀），亦有諸多資料，可以彌補「長眼法」現前的不足。世上所有風水學派，皆不能以一概全，「長眼法」也不例外，必須選擇重要門派，參酌互補去蕪存菁，絕不可執守一派，忽略別門，甚至自讚譭他，是最要不得的事。唯有精益求精，才能登上風水的寶殿，願以此相勉之。

元空居士　謹記

國家圖書館出版品預行編目資料

解風水—風水長眼法／元空居士著.
－－第一版－－臺北市：知青頻道出版；
紅螞蟻圖書發行，2015.2
面；　公分－－(Easy Quick；142)
ISBN 978-986-5699-52-9（平裝）

1.堪輿

294　　　104001671

Easy Quick 142

解風水—風水長眼法

作　　者／元空居士
發 行 人／賴秀珍
總 編 輯／何南輝
校　　對／周英嬌、元空居士
美術構成／Chris' office
出　　版／知青頻道出版有限公司
發　　行／紅螞蟻圖書有限公司
地　　址／台北市內湖區舊宗路二段121巷19號（紅螞蟻資訊大樓）
網　　站／www.e-redant.com
郵撥帳號／1604621-1　紅螞蟻圖書有限公司
電　　話／(02)2795-3656（代表號）
傳　　真／(02)2795-4100
登 記 證／局版北市業字第796號
法律顧問／許晏賓律師
印 刷 廠／卡樂彩色製版印刷有限公司
出版日期／2015年2月　第一版第一刷
　　　　　2020年3月　　　第三刷（500本）

定價 350 元　港幣 117 元

ISBN 978-986-5699-52-9　　Printed in Taiwan